眼科119番

第3版

一家に一冊…
目の薬箱

名古屋アイクリニック 院長
中村友昭・編著
名古屋アイクリニック、中京グループ眼科医師・著

日刊工業新聞社

第3版の発刊によせて

日常のなかでよく遭遇する目の症状や病気を、できるだけ分かりやすく解説することを目的にこの眼科１１９番の初版を執筆し、早いもので19年の時が経ちました。お陰様で第2版も含め、約1万冊を読者の皆様へお届けすることが出来ました。

改めて読み返してみると、19年という長い月日を経ても多くの部分が変わらず、今でも正しい治療として患者様へ提供し続けている一方で、一部はその後の医学の進歩により、アップデートが必要となってきました。そこで、今回、共同著者の先生方のお力をお借りして、第3版を発刊することになりました。とくに日進月歩の白内障手術や屈折矯正手術、円錐角膜治療に関しては大幅に改変しました。

昨今ではオンライン診療も普及し始めていますが、ご家庭での目のトラブルをはじめ眼科のコメディカルが困ったときに、まずこの本を開いていただき、すぐに医師に相談すべきか、眼科医院を受診すべきかの判断をしていただけたら幸いに思います。

２０２１年10月

中村　友昭

眼科119番 —第3版—・目次

3 子どもの眼疾患

2 現代人と目

3 スポーツと目

インデックス・一目で分かる症状から見た眼疾患

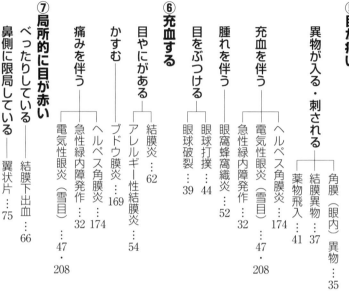

I

●目の仕組み

序　目の仕組み

●目の役割1

Q　目はどのような役割をしていますか。

A　五感のうち、最も重要とされている視覚情報《しかくじょうほう》を得る役割をしています。

■五感の一つである視覚

人間は生きていくために必要な情報を〝五感〟すなわち視覚、聴覚、嗅覚、触覚、味覚から得ていると言われています。その中でも視覚から得る情報は8~9割以上とされています。IT革命に代表される情報化社会である現代では、ますます視覚情報の重要性が高まっています。この視覚情報を担っているのが、目です。それゆえ、目が見えない、見えにくいということは大変重いハンディを背負うこととなり、一定レベルの生活を送ることが非常に困難なものとなります。

■視覚とは

この視覚を担うために、目は情報をキャッチした後、その情報を視神経というコードで脳に伝え〝認識〟をしています。さらに、視覚をもう少し細かく分類すると形態覚、色覚、光覚、すなわち形を認識する、色を識別する、明暗を判別する、に分けられます。また、二つの目で立体的に物を見る力、すなわち両眼視機能も加わり、物を正確に認識しています。これら高度な機能を駆使して、精度の高い視覚情報を得ているのです。

視覚には何があるか

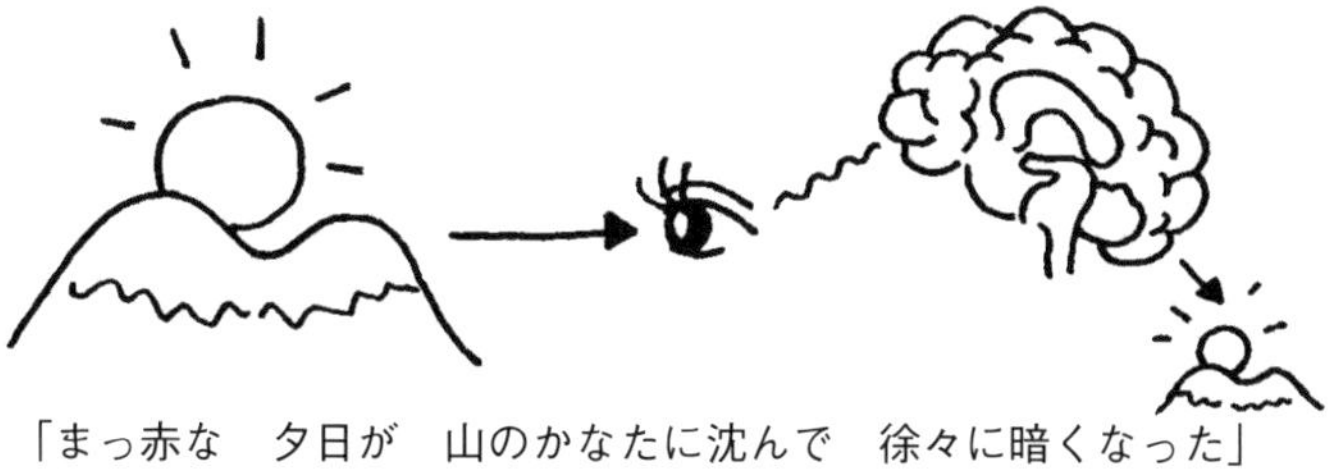

「まっ赤な　夕日が　山のかなたに沈んで　徐々に暗くなった」

色覚　形態覚　立体視　光覚

範囲が広くなり、像のボケが少なくなります。そのため、物がきれいに見えるのです。

子どもは自分では気付かなくても、経験的に目を細めると見やすいということを知っているのです。ほかにも何か病気があってはいけませんので、一度眼科にかかって詳しく調べてみてはいかがでしょうか。

目を細めたとき

目の構造はどうなっているの

●小学生の子どもがテレビを見るとき、目を細めて見ています。目が悪いの？

おそらく近視・遠視・乱視などがあるのではないでしょうか。目を細めて見ているのは、ピントをよりよく合わせて目の性能を高めるためです。

たとえばカメラは「絞り」を絞り込むと、ピントがシャープになって写真がくっきり撮れます。それはピントの合う前後の範囲が広くなるためです。目も同じで、「絞り」の代わりに目を細めると、ピントが合う前後の

普通のとき

●目の役割2

Q9 どのようにして物を見ているのですか。

A 目はカメラにたとえられ、とらえた映像を視神経により脳に伝え、物として認識しています。

■ビデオカメラとしての目

目は焦点を合わせることにより像をとらえるカメラにたとえられます。角膜《かくまく》、水晶体《すいしょうたい》の二枚のレンズにより光を集め、網膜《もうまく》というフィルムに像を結ばせ、その像を視神経というコードで脳に送り、物を〝認識〟しています。網膜にしっかりとピントが合えば物はくっきり見えるのですが、手前でピントを結んでしまうとぼやけた像が網膜に映ることになります。この状態が近視です。また、虹彩《こうさい》という絞りで瞳孔の大きさを変化させ、目の中に入る光の量を調節しています。すなわち、明るいところでは瞳孔は小さく、暗いところでは大きくなり、物を見るのに最適な量の光を得ています。また、水晶体はカメラでいうオートフォーカスの機能を果た

目の構造

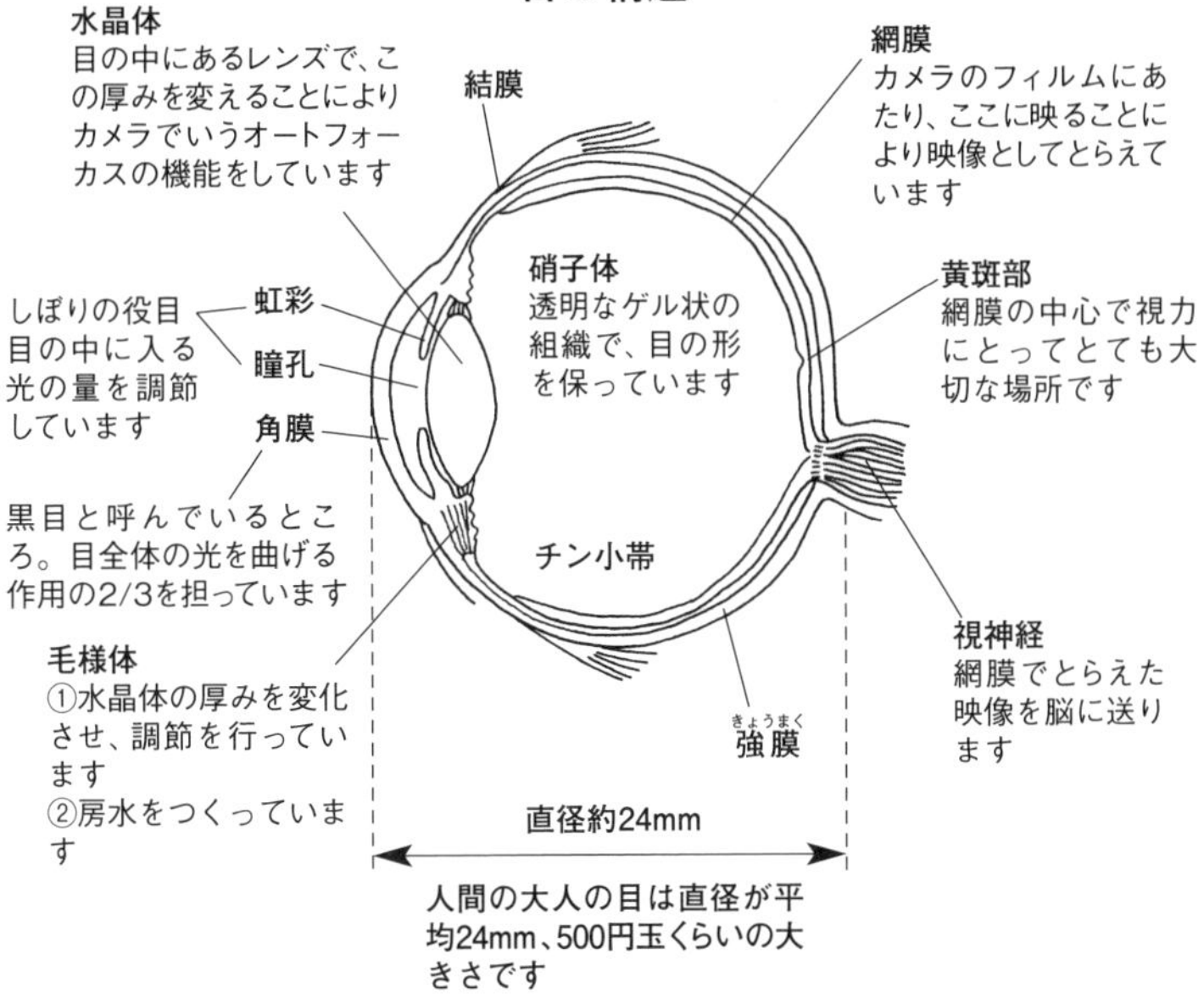
水晶体
目の中にあるレンズで、この厚みを変えることによりカメラでいうオートフォーカスの機能をしています
結膜
網膜
カメラのフィルムにあたり、ここに映ることにより映像としてとらえています
硝子体
透明なゲル状の組織で、目の形を保っています
虹彩
瞳孔
しぼりの役目
目の中に入る光の量を調節しています
黄斑部
網膜の中心で視力にとってとても大切な場所です
角膜
黒目と呼んでいるところ。目全体の光を曲げる作用の2/3を担っています
チン小帯
視神経
網膜でとらえた映像を脳に送ります
毛様体
①水晶体の厚みを変化させ、調節を行っています
②房水をつくっています
強膜《きょうまく》
直径約24mm
人間の大人の目は直径が平均24mm、500円玉くらいの大きさです

しており、毛様体《もうようたい》という筋肉を使ってその厚みを変えることにより、遠くから近くまでピントが合うように、いわゆる〝調節〟をしています。この機能が衰えてくることを〝老眼〟と言います。

■目の中の機構

これらの機能を維持し、スムーズに行うために目の中にはいろいろな機構（組織）が働いています。まず、眼球の形を維持し、目の中の血管のない組織である水晶体や角膜に栄養を与えるための水である房水《ぼうすい》というものが循環しています。房水は毛様体という場所でつくられ、栄養を与えた後、虹彩の付け根の隅角部《ぐうかくぶ》から排出されます。この循環が障害され、必要以上に房水で満たされ、圧が高くなり、神経を障害する状態が緑内障です（32、78ページ参照）。

網膜や虹彩などは豊富な毛細血管を持ち、血液により栄養を得ています。眼球の中には硝子体《しょうしたい》というゲル状の99％水分でできている透明な組織があり、眼球を形づくるとともに、網膜を紫外線から守っています。

網膜はカメラでいうとフィルムにあたりますが、形、色、明るさを感知する感覚細胞が一億

目の構造はどうなっているの　Break Time

●写真を撮ると瞳孔が赤く光るのはなぜ？

いわゆる赤目という現象ですね。眼球の壁は、内側から網膜、脈絡膜、強膜という膜状の組織が重なってできています。網膜は神経の集まりで、カメラのフィルムに当たり、半透明です。脈絡膜は血管の集まりです。

目の中に入ったフラッシュの光は奥の壁に達すると、ほとんどは網膜を通過し脈絡膜で反射して返ってきます。このとき脈絡膜血管の血液の反射で、赤い色になるのです。

赤目が起こるのは、第一に視線が完全にカメラの方向を向いていることが必要です。第二に、フラッシュの光の焦点が網膜に合っていることも必要です。裸眼で生活している人で、まったく遠視も近視もない人は稀ですが、よく合ったメガネやコンタクトレンズを使っていれば、焦点は５メートルに合っているでしょう。ただし、メガネではフラッシュの光はかなりメガネのレンズで反射するため、赤目にはなりません。５メートルくらいの距離から数人で撮る集合写真の場合、コンタクトレンズを使用している人に、赤目が多いのはこのためです。

個以上存在し、そこで映像をとらえています。とくに中心部にある〃黄斑部《おうはんぶ》〃と呼ばれる部位には形や色を感知する細胞が密集しており、いわゆる視力にとっては最も重要な部位になります。

また、目の周りには見ることの補助的な役割をしている付属器と呼ばれるものがあります。まぶた（眼瞼《がんけん》）、結膜《けつまく》、涙腺《るいせん》、外眼筋《がいがんきん》などがそれです。まぶたはまばたきをすることにより目を乾燥や外界からの刺激から守り、結膜は目を覆うことにより保護しています。涙はまぶたの奥にある涙腺から分泌され、角膜に栄養を与えたり、乾燥から防いだり、洗い流したり、殺菌をするなど目表面にとって非常に重要な働きをしています。物を追い、両目を上手にバランスして動かしているのが外眼筋で、片目に6本ついており、脳神経により支配されています。

このように目や目の周りには無数の器官が存在し、それぞれが精密機械のごとく繊細かつ重要な働きをしており、〃物を見ること〃すなわち視覚をつかさどっています。

COLUMN

医療保険制度と眼科医療

川本　英三

日本では国民皆保険制度がとられていて、医療を受けた時の費用はほとんど国民健康保険などの公的医療保険から支払われます。個々の医療行為の価格は、診療報酬点数表で決められていて、医師はこの点数表にしたがって診療せざるを得ません。

診療報酬点数表で認められていない診療行為は、必要性が高くともなかなか普及しません。例えば、「角膜内皮細胞数の測定」という検査があります。低品質のコンタクトを長時間使用していると角膜内皮細胞はだんだん減少してしまうので、ときどき検査する必要があります。ところがこの検査はコンタクト診療に対しては診療報酬がつかないので、「コンタクト専門の診療所」には測定する機械そのものが置いていないことがほとんどです。経営を優先しているわけです。でも、これは困った事態です。私の診療所では、やむを得ずコンタクト使用者には無料で検査しています。

逆に、診療報酬点数表で高い点数が認められた診療行為は、急激に普及します。例えば「レーザー光凝固」の機械は一千万円近くする高価なもので、最初は大病院にしか置いてありませんでした。高い点数が認められたことにより、開業医にまで普及し、患者さんは大病院にまで行かなくてもレーザー治療が受けられるようになりました。

もちろん、時には点数を度外視することもあります。例えば、眼科では目の状態をモニタテレビに映して説明する施設が増えました。診療報酬は認められませんが、患者さんは言葉で説明されるより画像で提示されたほうが理解しやすいので、直接収入にはならなくても導入されるようになったのです。でも、お金と手間暇がかかり、収入にはなりません。経営を考えるとこのような試みはなかなかできません。

診療報酬点数表が医療をがんじがらめにしばっている結果、医師が保険点数を無視して新しいことに挑戦することは困難です。点数表にしたがって治療をすれば、どの眼科でも治療内容は似たり寄ったりとなり、創意工夫をする余地はあまりありません。

このように、診療報酬点数の設定は、日本の医療を動かす力を持っています。この力は両刃の剣で、医療の現場を望ましい方向に誘導する可能性がある反面、点数が適切に設定されなければ医療を歪めてしまう危険性もあるのです。


自費で受ける医療としては、お産・美容手術・近視手術などがあります。「病気の治療」として認められていないので、公的医療保険の対象になりません。

お金がかかって大変ですが、硬直化し歪んだ保険医療にくらべて望ましい面もあります。患者さんに高い代価を払うことを納得してもらわなければなりませんから、十分な説明が必須ですし、自然に競争がおこってサービスが向上します。

会員制医療サロンやPETによる検診を売り物にしている施設ではアメニティ向上に力を入れ、ホテル並みの設備を誇っています。

美容外科では競争が激しく、最新の技術がどんどん導入されます。診療報酬点数が認められるまで待つ必要がなく、新しいことにどんどん挑戦できるのです。

近視手術でも、「角膜リング」「有水晶体眼内レンズ」などの新しい技術が次々に導入されています。また、レーシックの価格は競争の結果、劇的に下がりました。

このように医療保険の制約を受けないということには、良い面も多いのです。

保険診療と自費診療を同時に行ってはいけないとされています。これは「混合診療の禁止」と言い、患者さんが余計な負担を負わないようにという配慮なのですが、診療報酬点数表で認められていない診療行為を取り入れることを非常に困難にしています。

現在は、保険診療にわずかな自費診療を併用しただけですべての診療が自費扱いになってしまいます。しかも、産科や歯科では保険診療と自費診療を途中で変更することも相当程度認められているのに、他科ではほとんど認めないという運用がされていて、二重基準になっていることも問題です。

医師会は混合診療を認めると、なしくずしに国民皆保険制度が崩れると警戒しています。政府が医療費抑制ばかり考えている現状では、確かにこの危惧にはもっともな面もあります。しかし、現実に弊害は生じているので、そのことを直視し、柔軟に対処すべきだと私は思います。

もっとも、徐々に変化はおこっています。今までも、「先進医療」などと称して特定の医療行為のみ限定的に混合診療は認められてきていました。さらに、2021年4月から多焦点眼内レンズに対して「選定医療」が認められました。診察・検査・手術等の費用については保険診療のまま、眼内レンズの差額分だけ自費で支払うという仕組みで、これは実質的に混合診療と言ってよいでしょう。従来の頑なな姿勢からの歴史的な変革であり、これは良い傾向だと私は評価しています。

自費診療の長所をもっと取り入れ、それぞれの医師が知恵を絞り工夫した治療をしていくようになれば、日本の医療はもっと良くなるはずです。

Ⅱ

●よくある眼疾患から緊急疾患まで

1 緊急疾患

●緑内障発作

Q 夜、急に頭が痛くなって吐き気がします。また、片目が充血してかすみます。まず、何科にかかったらよいでしょうか。

A 頭が痛くなって吐き気がする病気は、頭の病気も十分考えられますが、それに伴って片目の充血やかすみによる視力低下を認めたのであれば、急性の緑内障発作が考えられます。とくに、それまでメガネをかけたことがない中年の女性の場合、その可能性は高くなります。すぐに眼科を受診してください。

■急性《きゅうせい》緑内障《りょくないしょう》発作《ほっさ》

緑内障は自覚症状がないまま進行する慢性のものがよく取り上げられますが、急性のものもあります。急性緑内障発作はすぐに失明する恐れもあります。

急性緑内障発作

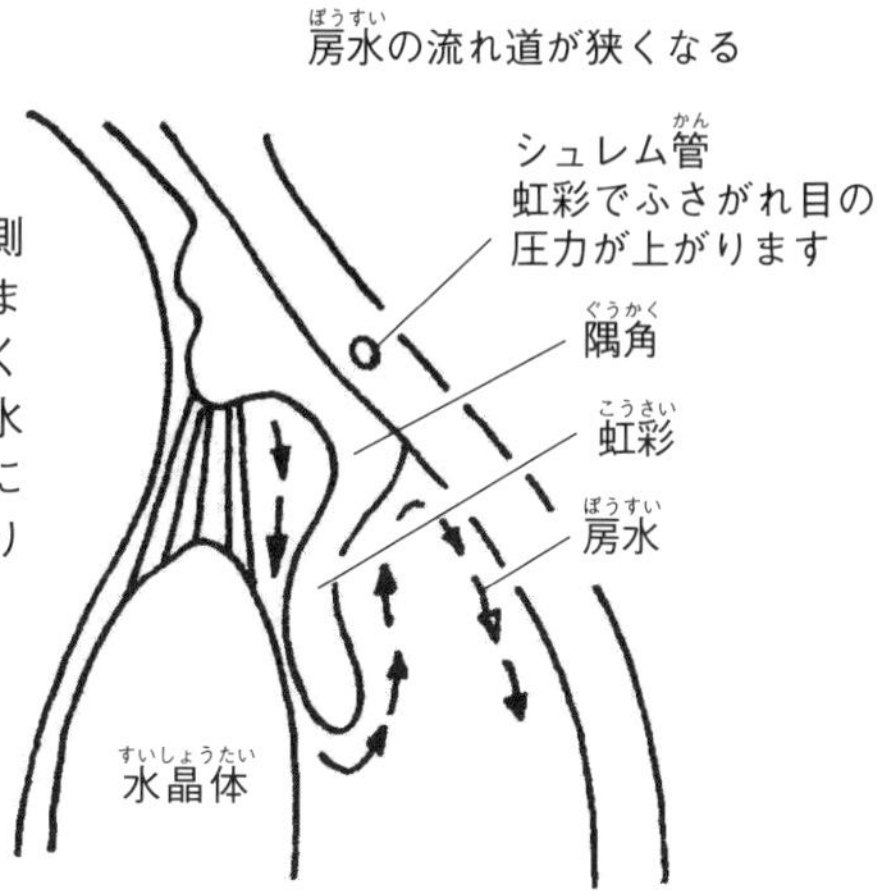

虹彩（茶目）の裏側で房水がつくられます。流れ道が狭くなり、目の中に水がたまり、急激に目の圧力が高まります

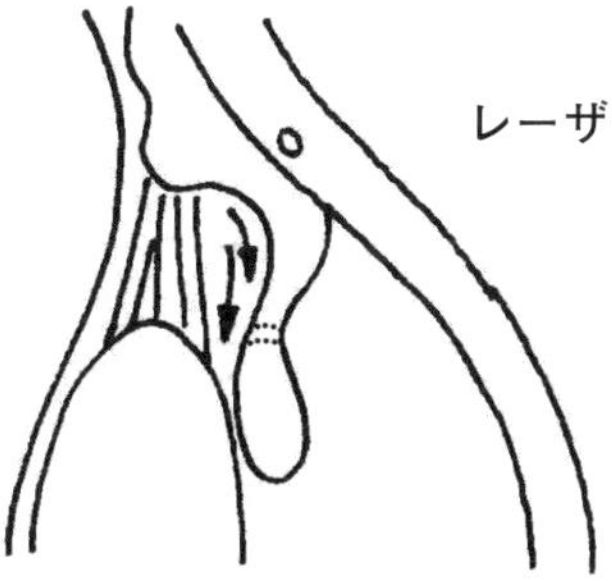

レーザー虹彩切開術

虹彩にレーザー光線を使って小さな穴をあけます

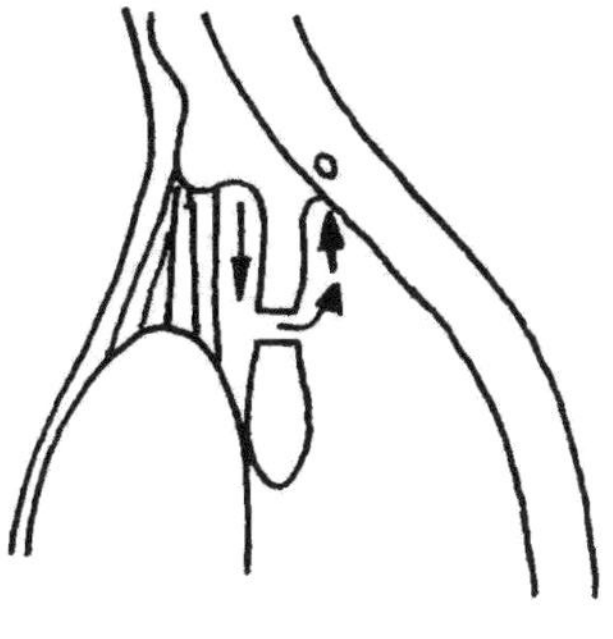

裏側にたまった房水を、排水口へと流す通り道をつくります

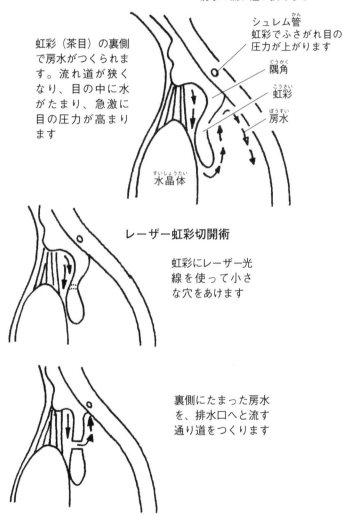

もともと目の中には角膜（黒目）や水晶体（茶目の奥にある人の目のレンズ）に栄養を送るために常に房水という水が流れています。この水は虹彩（茶目）の裏側でつくられ、瞳孔《どうこう》（黒目）を通って虹彩の表側に出て、虹彩の付け根の部分にある隅角部《ぐうかくぶ》から流れ出し、最後には静脈に吸収されます。この房水の流れる道が狭くなり、うまく水が流れていかなくなると、目の中に水がたまり、急激に圧力がかかって固くなります。急に圧力がかかると透明だった角膜に水がたまり、すりガラス状になってかすみますし、白目の充血も起こります。そのまま放置しますと目から脳へとつながる視神経が傷み、失明してしまいます。

最近の治療は、主に房水の流れる道を狭くしている水晶体を摘出する白内障手術をすることで、ほぼ再発を防ぐことができます。ただし、白内障にまだなっていない若い方や、白内障手術が難しい方には、虹彩の一部に穴をあけ、裏側にたまった房水を排水口へと流す通り道をつくることができる人もいますが、また再発する可能性が残されます。

ただし、長い時間目に圧力がかかり、視神経がすでに傷んでしまった場合には、治療で圧が下がったとしても見えにくさが残る可能性がありますので、おかしいと思われたら早急に眼科にかかり、眼圧を確認することをお勧めします。また、虹彩の一部に穴を開けただけでは圧が下がらない人もいますので、その場合は他の処置や手術が必要になることもあります。

●角膜（眼内）異物

Q 草刈機で作業をした翌日から、物が見えにくくなってきました。どうしたらよいですか。

A 目の中に異物が入っているかもしれません。放置すると感染を起こすこともありますので、すぐに眼科を受診してください。

■角膜《かくまく》異物《いぶつ》と眼内《がんない》異物《いぶつ》

黒目にゴミなどがついたり、刺さったりしたものを角膜異物、黒目や白目を通り越して眼球の内部にまでゴミが入ってしまったものを眼内異物と言います。

角膜異物は強い痛みがあったり、ごろごろしたり、目が開かないなどの症状を伴うために眼科救急においても、よく見られる疾患の一つです。まずはきれいな水道水で目を洗って下さい。ゴミが取れたと思っても目に傷がついていて、それがきっかけで感染を起こすこともあります。

最も多いのは小さな鉄片です。鉄や銅の粉などは黒目と酸化反応し、いわゆる「さび」をつくるため、黒目がにごり、強い炎症を起こします。様子を見たりせず、できるだけ早く眼科を受診してください。感染さえ起こさなければ、通常は簡単な処置でよくなります。瞳孔の近くで黒目が濁ってしまった場合は、若干の視力低下を招くこともあります。

眼内異物は一般に小さく、痛みもないことがあります。ゴミの入り込んだ傷が閉じてしまい、しばしば見落とされることがあります。しかしながら、眼内異物は強い炎症を起こし、黒目がにごったりして急激な視力低下を引き起こします。また、水晶体が傷ついていれば、外傷性の白内障になることもあります。痛みがなくても、作業中に目に何かが当たったような気がしたり、見え方がおかしいなと思ったら、すぐに眼科を受診してください。感染を起こしてしまうときわめて重篤《じゅうとく》になるので、緊急手術をしなくてはいけません。

草刈機を使った翌日から見えにくくなったということですので、草刈機の金属片が入り込んだことが考えられます。目の中で強い炎症を起こし、硝子体《しょうしたい》の混濁《こんだく》や網膜剥離《もうまくはくり》が生じている可能性があります。そうなってしまうと失明する危険性も十分にありますので、すぐに眼科を受診してください。そうならないためにも草刈りや金属の切断、ハンマーでの作業などをするときは、必ず目を保護するためのメガネをして行ってください。

●結膜異物

Q コンタクトレンズが取れなくなりました。目の裏にいってしまったのでしょうか。

A コンタクトレンズがずれても、目の裏にいくことはありません。あわてずにまぶたを上げ、誰かに見てもらって、取りはずしましょう。

■結膜異物《けつまくいぶつ》

白目やまぶたの裏側にゴミがついたものを結膜異物と言います。結膜異物は、砂や虫など、様々なものの飛入が原因で起きます。重篤な後遺症が残ることはまれですが、強い痛みや涙がたくさん出て、非常に不愉快な思いをします。

目の仕組みの項目にあるように、白目の上にある結膜は目の上下で裏返って、まぶたにつながっています。結膜が切れてゴミが目の裏側にいくことはありませんので、あわてる必要はありません。

目にゴミが入ったら、まず、きれいな水道水や市販の目薬などで十分に目を洗ってください。また、洗面器の水に顔をつけ、まばたきを繰り返すのもよい方法です。ゴミは上の結膜に入る場合が多いので、指でまぶたを持ち上げ、目は下の方を見るようにして洗うのが効果的です。コンタクトレンズは上の方にずれていることが多く、足元を見てまぶたの上の方をそっと押すようにすると、戻ることがあります。

また、まれにコンタクトレンズがずれて白目に食い込んでしまうことがあります。この場合、痛みが強くコンタクトレンズは動かそうとしてもなかなか動きませんが、黒目にかかっていなければ、あわてる必要はありません。コンタクトレンズ専用のスポイトがあれば利用してください。どうしても取れなければ、無理をせず眼科を受診してください。

眼球の構造

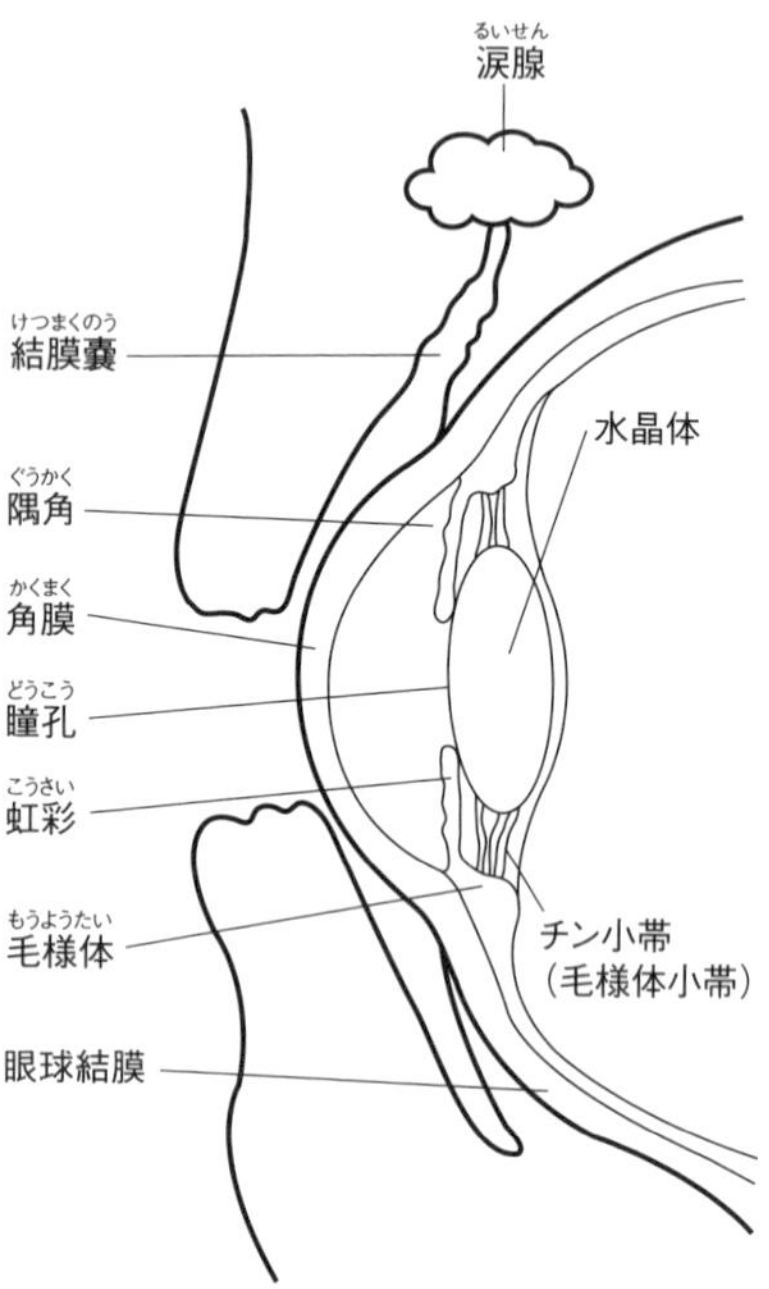

●眼球破裂

Q ワイヤーが飛んできて、強く目に当たりました。とても痛くて目が開けられませんし、開けてもほとんど見えません。

A 目に強い衝撃を受けており、最悪の場合、眼球が破裂している可能性があります。すぐに眼科を受診してください。

■眼球が破裂するということ

眼球に大きな外力が加わると、眼球破裂《がんきゅうはれつ》を起こします。受傷直後には「目を強く打った」、「痛い」、「見えない」などの自覚症状はありますが、いったい何が自分の身に起きているか、よく分からない場合がほとんどです。救急外来では、こういった患者さんによく遭遇します。眼球の裂け目は、角膜部分のみのこともあれば、強膜《きょうまく》（俗にいう白目）まで達していることもあり、受傷の程度によって様々です。ひどい場合は眼球の内容物（硝子体や水晶体など）が眼外に出てしまっていることもあります。すでに網膜剥離になっていたり、細菌によって眼内《がんない》炎《えん》になっていると、視力回復が不良な場合も少なくありません。

■眼球破裂を起こしていた場合、どう処置するか

裂け目があると、バイキンが容易に眼内に入ってくるので、まずは緊急に縫合手術《ほうごうしゅじゅつ》を行います。その後落ち着いた時点で、視力回復の見込みがある場合は、二期的にその後の処置をします。裂けた量、裂けた部位、眼球の損傷の程度により、視力回復の可能性は変わりますが、良好な視力はあまり期待できません。

また、受傷時の状況によっては鉄片などの異物が眼球内に飛入してしまうこともあります。異物は、ものすごいスピードで飛んでくると、その瞬間、眼球は穿孔《せんこう》しますが、瘡《きず》が閉じてしまうので、実際には重症にもかかわらず「ちょっと見にくい」、「なんかコロコロする」といった自覚症状のみの場合もあります。したがって外傷のときは、眼科を受診し、異常がないか確認することが大切です。眼球内異物は緊急手術で除去します。

●薬物飛入

Q 漂白剤が目に入りました。どうすればよいでしょうか。

A ただちに流水で10分以上目を洗ってください。ものによりますが、最悪の場合、失明の恐れがあります。

■薬物飛入《やくぶつひにゅう》

目の中に薬剤が入った場合、その薬剤の性質、濃度、時間によって症状が大きく異なります。一般に酸性の薬剤とアルカリ性の薬剤とを比べると、アルカリ性のものの方が非常に病後の経過が悪いです。また、薬剤が目に入ってからどのくらい時間がたったのかで、病後の経過が大きく左右されるため、薬剤が目に入ったら、まずは水道水でいいので目を最低10分以上は洗い流してください。通常、自分で十分に目を洗ったと思っていても、せいぜい5分以内で、かつ痛みのために目を閉じたまま洗っている場合がしばしばありますが、それでは不十分です。しっかりと目を開いて最低10分以上は洗ってください。何もしなかったり、市販の目薬を点《さ》しただけで時間がずいぶんたった後に、まだ痛みがとれないからといって眼科を受診しても手遅れの可能性があります。

■どんな薬剤が危険なのか

〈酸性薬剤〉

塩酸、硫酸、硝酸、漂白剤、酸性洗剤などがあります。

酸は組織への透過性が低いので、障害はアルカリに比べて組織の表層にとどまることが多いようです。

〈アルカリ性薬剤〉

水酸化ナトリウム、アルカリ性洗剤、毛染め液、パーマ液、生石灰、セメントなど、アルカリは組織への透過性が高いので、時間がたつと目の奥の方までひどい障害を起こして白内障、緑内障にまでなることもあります。

薬剤が入ったときの主な症状は目の痛み、視力障害などです。結膜の充血や浮腫、角膜の濁り、ひどい場合ですとまぶたがくっついて目が開かなくなったり、白内障、緑内障を起こします。

病後の経過は角膜や結膜がどれくらい障害されているかにより異なります。つまり、最初の処置が早く適切に行われていれば、障害は最小限にとどまる可能性があります。角膜の上皮《じょうひ》が残っていれば、そこから再生されて治っていきますが、残っていなければ別の組織が進入してきて角膜の透明性が失われてしまったり、潰瘍《かいよう》が残って失明してしまうこともあります。また、アルカリ性薬剤の場合、目の中まで浸透して組織が破壊されてしまうことがあります。そうなると失明してしまう可能性があります。

眼科での治療は、まず大量の生理食塩水《せいりしょくえんすい》で目を洗います。症状がひどい場合、長時間連続して目を洗い続ける必要があれば、入院していただくこともあります。その後は、目薬を使って様子を見てゆき、目薬でも治らない場合は、角膜移植などを行うこともあります。また、目の中に障害が起こっていれば、手術を行う場合もあります。

●眼球打撲

Q 野球のボールが目に当たり、腫れて見えにくくなりました。時間がたてば治りますか。

A まぶたが腫れているだけであれば、腫れのひきとともに見やすくなってくると思われます。目に傷がついたり、目の中で出血が起こっている場合には治療が必要になります。なかには手術が必要なこともありますので、必ず眼科を受診してください。

■眼球打撲

目を打ってまぶたが出血して紫色になったり（皮下出血）、白目が出血して赤くなった（結膜下出血）場合、1～2週間で出血や腫れはひきます。また、角膜（黒目）の表面に傷ができた場合も数日で治ります。目を打って見にくくなった場合、目の中で出血していることが多く、それは目の前の方の茶目（虹彩）で多く起こります。このような場合、点眼薬と安静により出血は徐々にひいていきます。目の奥の方の出血は吸収されるのに時間がかかることがあります。

出血以外によく見られるのは、目の奥の網膜という膜が黄色っぽく見える網膜しんとうがありますが、これは自然に軽快します。しかし、網膜に穴があいたり、網膜が眼底からはがれる網膜剥離の場合、手術を含めた治療が必要となります。

また、目の周りの骨が折れて見えにくくなることがあります。眉毛の外側の部分を強く打つと、視神経管という視神経の通る骨の管が骨折することがあります。骨折により、骨が視神経を圧迫して、急激に視力が低下します。視神経管のレントゲン検査により骨折が認められた場合、手術によって視神経を圧迫

目薬の選び方、点し方

Break Time

●目を洗う液を売っていますが、目は洗った方がよいの？

目を洗うと汚れが取れてすっきりします。水道水で目を洗う人も多いと思います。しかし、水道水には塩素が含まれていて、目には刺激が強すぎ、目の表面を痛めてしまいます。最近では洗眼液を使って洗っている人も多いようです。いくらすっきりするからといって洗いすぎてしまうと、涙に含まれる目を守るための成分まで洗い流すことになってしまいます。ドライアイの人はとくに防腐剤が入っているので注意が必要です。涙が出る人なら涙とともに防腐剤を排出することができます。しかし、涙の量が少ないと防腐剤だけが黒目の表面に溜まってしまい目に障害が出ることがあります。また、容器自体が汚れていたり、お化粧をしたまま洗うと逆効果になってしまいます。

している骨を取り除きます。

目を打った際に多く見られる骨折にもうひとつ、眼窩底骨折《がんかていこっせつ》があります。眼球を包み込んでいる骨（眼窩）の下の部分はとても薄く弱いため、打撲により骨折することがあります。この骨折部分に目を動かす筋肉（外眼筋）や周りの脂肪などの組織がはまり込み、上を見ようとしても下で引っかかってしまい、思うように目を動かすことができず、物が二重に見えたりします。レントゲン検査により骨折が認められ、眼球運動に障害がある場合、手術により骨折部分にはまり込んだ筋肉などを元に戻します。

骨が折れていなくても、目の筋肉や筋肉を動かす神経が麻痺《まひ》して、一つのものが二つに見えることもあり、薬で軽快しないときは、手術を行います。

目を打ったとき、腫れや出血でけががひどく見えても、視力に影響がなく、安静で症状が軽快することもあれば、見た目はそれほど重症のように見えなくても、緊急に手術が必要であったり、視力障害が残る場合もあります。目を打った際には、症状にかかわらず、まずは眼科を受診しましょう。

●電気性眼炎

Q 昼間にゴーグルをせずに溶接をしていましたが、夜になって両目が痛くて眠れません。緊急に眼科を受診した方がよいですか。

A 紫外線による角膜炎、いわゆる電気《でんき》（性《せい》）眼炎《がんえん》の可能性があります。すぐに眼科を受診して処置を受けてください。

■紫外線による角膜障害

電気溶接や殺菌灯などの人工灯から出る紫外線で障害されて起きる表層角膜炎《ひょうそうかくまくえん》は、電気（性）眼炎と言われています。冬山登山やスキーで直接紫外線を浴びて起こる角膜炎、いわゆる雪眼炎《せつがんえん》（雪目）と基本的には同じものです。

角膜は黒目と呼んでいる透明な膜のことですが、ここでは紫外線の約90％を吸収するため、外からの過剰な紫外線は角膜の細胞を障害します。紫外線を浴びて8～12時間後に両眼の黒目に炎症が起きて傷がつきます。フルオレセイン染色（角膜の状態を調べる薬品）で角膜上皮は微細点状に染まります。

まれに目の中にも炎症が出ることがあります。ゴロゴロしたり、涙が止まらなかったり、目の赤みもひどくなります。痛みが強く、眼が開けられないこともあります。診察のときには麻酔の目薬を点して、痛みをとって眼を開けられるようにした上で診察を行います。十分な検査、診察をした上で、コンタクトレンズによる障害やドライアイによる角膜の傷など、他の病気と鑑別する必要があります。溶接などの作業をしていたのであれば、白目や黒目にものが刺さっていないか、とくに鉄粉などが入っていないかどうかをしっかりと診てもらっておく必要があるでしょう。

■電気性眼炎の治療

電気（性）眼炎の治療には、感染防止のために抗生物質の点眼と、角膜の保護のために、ヒアルロン酸点眼やドライアイ点眼を使います。角膜の傷は通常三日程度でよくなります。痛みが強い場合は抗生物質やビタミンB_2の眼軟膏を入れて眼帯をするとかなり楽になります。また、痛み止めの飲み薬でも多少楽になります。目の中に炎症が起こっている場合は後日、炎症を抑えるステロイド点眼を出すこともあります。もし、黒目や白目にものが刺っている場合は、自分で無理に取ったりせず、眼科で取ってもらうようにしてください。

目薬の選び方、点し方　Break Time

●薬局に目薬を買いに行ったけれど、種類が多すぎてどれを買ってよいのか分からない。どうやって選べばよいの？

目の充血、乾き、目の疲れで市販の点眼薬を使っている人も多いと思います。薬局へ行くとズラリと並んでいます。どんな症状を改善させたいのか、薬剤師さんに伝えましょう。充血なのか、目の痒みなのか、目ヤニが出るのか、かすみ目なのか、乾き目なのか、コンタクトレンズの上から点《さ》せるかどうかなど。用途に応じて含まれる成分が違います。目薬が効かないときは、必ず眼科を受診しましょう。

○抗菌目薬･･･結膜炎、ものもらいなどの感染にはこのタイプ。3日ぐらい使って治らなければ眼科へ。

○アレルギー用目薬･･･花粉症の時期などにはこのタイプ。抗アレルギー薬や、抗炎症薬が入っています。痒みを抑えるものがよいでしょう。

○パソコンなどの疲れ目用目薬･･･パソコンなどで目の焦点を合わせる毛様体の筋肉疲労が起こっているととても目が疲れます。充血予防、疲れ目、ショボショボする感じを抑えるもの。

○中年以降の老眼による疲れ目用目薬･･･かすみ目、ぼやけによる疲れ目には毛様体の代謝を促すビタミン剤配合の目薬。

○乾き目・コンタクトレンズ用目薬･･･ドライアイの人、コンタクトレンズ装用時の目の乾きには、涙の成分に近いタイプの目薬やムチン系のドライアイ点眼がお勧めです。コンタクトの上から点せるかどうか確認してください。乾きが強くて目薬を何度も点さなくてはいけない場合は防腐剤の入っていないものをお勧めします。涙が少ないと防腐剤が目の表面に溜まってしまうことがあり、副作用が出ることがあります。注意しましょう。

電気（性）眼炎予防のため、溶接作業のときは、紫外線吸収サングラスや保護用ゴーグルを必ず着用することが大切です。

●網膜中心動脈閉塞症

Q 急に片目が見えなくなりました。痛みはありません。どうしたらよいでしょうか。

A おそらく網膜に栄養を送る血管が詰まる網膜中心動脈閉塞症《もうまくちゅうしんどうみゃくへいそくしょう》になったと思われます。緊急処置が必要ですので、ただちに眼科を受診してください。

■血栓とは

高血圧や動脈硬化によって網膜血管壁が障害を受けると、血栓ができます。血栓はひびが入ったところを補修する塗り壁剤のようなもので、水漏れを防ぐ役割と考えてよいかと思います。この血栓が盛り上がってくると、血管が詰まってしまうことがあります。

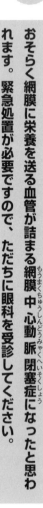

■網膜の動脈が血栓で詰まるとどうなるか

動脈の閉塞は、一過性ならばよいのですが、途絶えたままだと、網膜細胞《もうまくさいぼう》は酸欠に陥り、やがて死んでしまいます。この病気が発症して6時間以上経つと、回復はあまり望めないことが多いのですが、それでも治療は一秒でも早い方がよく、可能な治療は受けられた方がよいでしょう。閉塞部位によっても違いますが、かなり根元で詰まれば、事例のように「まったく見えない」ということが起こります。また、動脈の枝が詰まれば、その血管が栄養を送っていた部分の網膜だけが死にますから、理屈ではその部分に一致した視野、視力がなくなります。症状は「下半分が急に真っ暗になった」とか「左端上半分が見えない」などです。したがって夜中や祝日など、病院が休診でも救急外来を受診しましょう。

■血栓によるその他の症状

注意しておかなくてはならないのは、首を通っている内径動脈《ないけいどうみゃく》という血管に、血栓などがすでにできていて、ここから眼動脈に飛んで詰まることがあります。目だけならばまだよいのですが、もし頭の中の血管に詰まれば脳卒中《のうそっちゅう》となります。全身疾患に関連した病気の一つです。

●眼窩蜂窩織炎

Q ものもらい（麦粒腫《ばくりゅうしゅ》）で目薬を点していましたが、どんどん腫れてきて激痛がします。頭も痛くなって熱っぽいです。すぐに眼科にかかった方がよいですか。

A 眼窩蜂窩織炎《がんかほうかしきえん》の可能性があります。早めの治療が必要ですので、すぐに眼科を受診してください。

■眼窩蜂窩織炎

眼窩とはその名のとおり、眼球が納まっている頭の骨のくぼみです。くぼみの中に脂肪などのクッションに包まれて眼球が入っています。眼窩蜂窩織炎は結合組織細菌《けつごうそしきさいきん》というばい菌が波及したものです。比較的まれな病気ですが、抗生物質のなかった時代には死亡や失明してしまう病気として恐れられてきました。現在でも、治療の開始が遅れると脳へ炎症が及んだり、クッションの部分が炎症で膨らんで視神経を圧迫すると、視神経に障害が出て失明してしまう恐ろしい病気なのです。また、とても恐い病気であるにもかかわらず、発熱、頭痛などの症状が少なく、初期には見逃されることが少なくありません。

■原　因

原因はちくのう症（副鼻腔炎《ふくびこうえん》）、ものもらい（麦粒腫《ばくりゅうしゅ》）が代表的で、外傷や全身的な感染症が原因のこともありますが、まれに眼窩の腫瘍が潜んでいることもあるので注意が必要です。詳しく調べるために血液検査や眼窩のＣＴやＭＲＩ検査を行うことがあります。症状としては急速にまぶたの腫れが起こったり、眼球が反対の目に比べ突出してきたり、眼球運動障害《がんきゅううんどうしょうがい》といって黒目を動かしにくくなったり、目の痛みなども起こります。炎症がひどければ熱が出ることもあります。

■治　療

治療はまず抗生物質の点滴を行いますが、ひどくなってしまった場合や治りの悪いときは切って膿《うみ》を出さなければいけないこともあります。ちくのう症など原因になっているものがあれば、その治療も必要です。その場合、耳鼻科や内科、小児科にも受診していただくこともあります。もし、ＣＴやＭＲＩで腫瘍が見つかれば、手術の必要があります。いずれにしても早めの対処が大切ですので、すぐに眼科にかかってください。

●アレルギー性結膜炎

Q 目が痒かったのでこすっていたら、白目が急に腫れてぶよぶよになりました。すぐに眼科を受診した方がよいでしょうか。

A アレルギー性結膜炎の可能性が高いです。あわてる必要はありませんが、ひどくなることもありますので、早めに眼科を受診することをお勧めします。

■アレルギー性結膜炎

アレルギー性結膜炎は、結膜に異物がついて、それを排除しようとする免疫反応です。アレルギー性結膜炎になると非常に痒くなります。炎症が強くなると、まぶたが腫れぼったくなったり、異物感、目の痛み、充血が起こります。まぶたの裏側を見るとブツブツとしたコブができています。ひどくなると黒目の表面に傷や濁りが出ることもあります。白目が充血して、結膜に水がたまり、浮腫が起こるため白目の部分がぶよぶよに腫れてしまいます。

アレルギー性鼻炎《びえん》や蕁麻疹《じんましん》などアトピー素因を持つ人に発症することがしばしばあり、家族にもアレルギー皮膚炎、気管支喘息《きかんしぜんそく》を見ることもあります。あわてる必要はありませんが、ひどくなることもありますので、眼科にかかることをお勧めします。

■原因調べがポイント

3月ごろになると、決まって耐えられないほどの目の痒みに悩まされる人が多くいます。アレルギー性結膜炎にはスギ花粉などが原因で起こる季節性のアレルギー性結膜炎と、季節を問わない通年性のアレルギー性結膜炎とがあります。

季節性アレルギー性結膜炎の中では、スギが最も多く、次いでカモガヤ、ブタクサとなっています。発症時期は多少の地域差はありますが、スギ花粉が飛散する2~4月下旬、5月からはカモガヤ、秋にはブタクサなどの雑草植物を原因とした三つのピークの時期があります。都心、郊外など環境による発症率に差はありません。

通年性アレルギー性結膜炎の原因としては、ダニ、ハウスダストが多くありますが、真菌《しんきん》や動物（猫、犬、モルモットなどの上皮やセキセイインコの糞）、点眼薬、化粧品、コンタクトレンズによるものも見られます。

■どうやって診断するの

季節による症状の変動、痒みの続く期間、目の状態によりアレルギー性結膜炎であるとの診断はつきます。また涙液を採取して結膜に実際にアレルギー反応がおこっているか否かを判定できる検査もあります。しかし、原因が何かを確定するには、血液検査や、皮膚のスクラッチテストやプリックテストを行い、何のアレルゲン（アレルギーを引き起こす原因物質）に感作されているかを調べることがあります。

■治　療

治療としては原因が明らかなものはそれを取り除くことが重要です。たとえば、花粉飛散時期《かふんひさんじき》のマスクやメガネの着用、ハウスダストやダニに対する屋内の掃除、ペット飼育の中止などで回避します。また、洗眼や人工涙液などの点眼で目の表面のアレルゲンを洗浄することも効果的です。抗アレルギー作用のある点眼薬を使用することで痒みを抑えます。症状がひどければステロイド薬や免疫抑制剤の点眼を併用します。花粉症で毎年、必ずアレルギー性結膜炎になる人は、症状が出そうな時期より2～3週間早めに抗アレルギー剤を使用すると症状が軽くすみます。アレルギー体質を改善する治療法にアレルゲン免疫療法があります。これは、アレルゲンを少しずつ体内に吸収させてアレルギー反応を弱めていく治療法です。近年ではアレルゲンを含む治療薬を舌の下に投与する「舌下免疫療法」が登場し、自宅で服用できるようになりました。ただし、治療期間が3～5年と根気のいる治療です。

COLUMN

インフォームドコンセントについて

眼科明眼院　馬嶋　清如

眼科領域において、患者さんが自覚する主訴は、充血、眼痛、眼脂、掻痒感、視力低下など数十にも及び、各人の訴えは百人百様です。実際の診療を進めるにあたっては、これらの自覚症状から考えられる可能性の高い疾患を念頭において、適切な検査を行った後、診断、治療という流れになります。

この流れの中で重要となるのが、医療業界で言うところのムンテラです。これはドイツ語のムントテラピー（Mundtherapie）の略であり、患者さんに病状や治療に関しての説明を口頭で行うという意味の和製ドイツ語です。私が眼科の研修を始めた30年位前には、この言葉が日常茶飯事に使用されていましたが、今や死語になりつつあります。それは、この言葉が医師側の意見を一方的に患者さんに押し付けると解釈されたためであり、現在ではインフォームドコンセントが重視されています。これは周知の通り、医師が患者さんに対して、これから行う検査や治療を詳細に説明し、同意を得るという事ですが、確かに同意を得れば、医師も十分な治療を開始することができ、また治療を受ける患者さんも安心できるので、とても良いシステムだと思います。

　ただ日常の眼科外来診療において、数名、あるいは多数の眼科医が診療に携わっている眼科病院、クリニックでは、このシステムを十分に活用することが可能であると考えますが、当院のように一人だけで外来診療を行っている小規模なクリニックでは、なかなか難しいのが現状です。患者さんの数が多い場合、一人の患者さんに十分なインフォームドコンセントを行うと、他の患者さんの待ち時間が長くなるため苦情が発生することもあり、どうしても時間の許す範囲でのインフォームドコンセントに終わってしまい、自責の念に駆られる毎日です。

　また、このコロナ禍では三密を回避するという観点から、待合室に多くの患者さんを待機させることを避けなければならないため、さらに自責の念が強くなっている現状です。それでは、外来診療を予約制にすれば、この問題を解決できるのではないかと考えがちですが、それも簡単なことではありません。予約制にした場合、その時間ぴったりに診察を受けることができると考える患者さんも多く（その気持ちは十分に理解できます）、5分、10分お待ちいただくだけでもクレームをいただくこともあります。また予約したにもかかわらず、何の連絡もなく受診されない、あるいは何回も予約を取り直す患者さんもおられることから、予約制にすれば解決するという単純な問題ではないような気がします。

しかしこうした環境、状況下においても、できうる範囲でインフォームドコンセントを行うように努めておりますが、ここにさらにストレスを感じる事態が発生することがあります。例えば外来診療で一般的に遭遇する結膜炎では、患者さんは、まず結膜炎の原因をお尋ねになります。そして次は、点眼による治療で開始後、何日くらいで症状が治まるのかについてお尋ねになります。花粉症のように、明らかにアレルギーが関係している結膜炎、あるいは流行性角結膜炎のように耳前部リンパ腺が腫脹するウイルス性結膜炎であれば、まだ原因について説明しやすいのですが、すべてがこうした結膜炎ではなく、原因を一つに絞れない場合も多々あります。また、結膜炎と診断し、点眼薬を処方した場合、点眼を行えばすぐに症状が改善すると思っている患者さんも多いのですが、ウイルス性の場合など、点眼開始後も数日間悪化するという経過をたどることもあり、すぐに改善するものではないため、かえって点眼を開始して悪化した、というクレームを受けることもしばしばです。

また、結膜炎以外にも、よくあるクレームが、白内障術後の視力に関することです。単焦点眼内レンズを挿入する際、術前に遠見、近見、どちらを日常生活で重視するのか、必ずお聞きし、十分に御説明してから眼内レンズの度数を決定し、挿入するのですが、術後、遠くは見えるが近くは見えない、逆に近くは見えるが遠くが見えない、手術の失敗ではないかと考える患者さんも少なくありません。こうしたクレームは、十分でないインフォームドコンセント、あるいは十分でない医師側と患者さん側の意思疎通の結果であり、あと一歩踏み込んだ説明が必要であったのかと反省し、さらなるストレスにさらされます。

そこで、今回の眼科119番がクローズアップされます。それは、患者さんの素朴な疑問に対して、理解しやすいように解説がされている内容であり、医師からの説明が不十分であると感じた患者さんが目を通すのに非常に有用だからです。逆に医師側も、こうした本の存在を認識していれば、患者さんにお勧めすることもでき、前記のストレスを緩和させることができるので、医師、患者さん、ともに一読すべき本と考えます。

よくある眼疾患 2

●結膜炎

Q 三日前から結膜炎《けつまくえん》になりましたが、人にうつりますか。

A 結膜炎の種類にもよりますが、場合によっては強い感染力を持ったものもあります。できるだけ早く、眼科を受診してください。

■結膜炎

結膜炎には感染性のないものから、非常に強い感染力を持ったものまであります。感染性のない、つまり人にうつらない（うつりにくい）結膜炎も多くあります。眼科で「結膜炎ですね」と言われたとき、ほとんどの場合は、人にはうつらない結膜炎です。一方、俗にいう「はやり目」は非常に感染力が強いウイルス性の結膜炎です。現在のところ予防薬や消毒薬も有効なものがないため、多くの人に流行します。また、普通の結膜炎と違って、あとで黒目に濁りができて、視力を悪くすることがありますので、注意が必要です。

■うつらない結膜炎

人にうつらない結膜炎は、アレルギーによるものが代表的です。詳細はアレルギー性結膜炎の項目で触れますが、一年中、もしくはある特定の季節のみ目が赤くなり、強い痒みが出て、目がぶよぶよになったりします。原因としてはダニやハウスダスト、杉などの花粉が有名ですが、コンタクトレンズを使っている人にも見られます。コンタクト、特にソフトコンタクトレンズにこびりついたタンパク汚れが刺激になって、強いアレルギー反応が起こります。しかし、次に述べる、感染性の強いウイルス性結膜炎と区別がつきにくいこともありますので、注意が必要です。対策としては、原因が分かればそれを取り除きます。分からないことも多いので抗アレルギー剤の点眼や、内服で様子を見ることになります。また、重症のアレルギー反応を起こしている場合は、ステロイド点眼薬を使用します。春季カタルというひどいアレルギーには免疫抑制剤の点眼薬を使用することがあります。

■うつる結膜炎

人にうつる結膜炎には、細菌によるものやウイルスによるものがあります。細菌性のものの場合、抗生物質の点眼や内服によって軽快します。症状は目やにが出て、目がごろごろしたりします。ウイルス性結膜炎でよく見られるものには、感染してから症状が出るまでの時間（潜伏期間《せんぷくきかん》）によって大きく二つに分かれます。潜伏期間が短い（約1日）急性《きゅうせい》出血性結膜炎《しゅっけつせいけつまくえん》と、潜伏期間が長い（約1週間から2週間）流行性角結膜炎《りゅうこうせいかくけつまくえん》・咽頭結膜熱《いんとうけつまくねつ》です。このうち急性出血性結膜炎は大人に多く、白目に出血が起こって目が赤くなり、ごろごろしたり、まぶしく感じたりします。

咽頭結膜熱は俗に「プール熱」と言われ、その名のとおりプールで集団感染することがあります。子どもに多く、目が赤くなり、高い熱が出てのどが痛くなったりします。流行性角結膜炎は年齢に関係なく、目が赤くなり、ごろごろして、涙や目やにがたくさん出ます。咽頭結膜熱、流行性角結膜炎ともに、夏場に多く見られる病気です。種類にもよりますが、発症後1〜2週間は感染力があるので、この間は学校や職場へ行くのはやめましょう。ウイルス性結膜炎の感染力は非常に強いので、次のことに注意しましょう。

1. タオルや洗面器など生活用品は別々にしてください。
2. 人の使っている目薬を使ったり、その辺のものを触ったり、手で目をこすったり、顔に触れたりしないでください。
3. 手指などは水道水を流しっぱなしにして石鹸でよく洗ってください。

4. お風呂はシャワー程度にして、どうしても入りたいときは家族の中で最後に入り、浴室はしっかりと乾燥するよう心がけてください。

5. 目薬を点すときや、涙や目やになどを拭いたときに使用したティッシュは、ビニール袋に入れて捨ててください。

6. 感染力が非常に強いので、集団感染する恐れがあります。幼稚園、学校、職場は休んでください。症状が引いて治ったように見えても、医師の許可が出るまではしばらくの間他人に接したり、遊びに行ったり友人を招いたりしないでください。

7. 食器などはできるだけ煮沸するよう心がけてください。

ウイルス性のものには抗生物質は効かないのですが、細菌の混合感染を防ぐために抗生物質の点眼が使われます。目の充血や目やになどの症状は、おおよそ2週間ほどで消えますが、時に黒目が濁って視力が落ちることがありますので、ステロイドの点眼が必要です。眼科医が指示するまでは目薬などの治療を続けてください。

●結膜下出血

Q 少しチクッとした後、鏡で見たら白目が真っ赤になっていました。とくに見えにくくはありません。すぐに眼科にかかった方がよいですか。

A 痛くも痒くもないのに朝起きたら白目のところが真っ赤になっていて驚くことがあります。もしも目やになどがなく、「あかんべ」をしても下まぶたの裏側が充血していなければ、それは結膜下出血《けつまくかしゅっけつ》です。

■結膜下出血

たいていの場合、片目のみの症状であり、白目全体に及ぶこともあれば、一部分のみのこともあります。結膜下出血は視力に影響を及ぼすことはまれなので、あわてて眼科にかかる必要はありません。内科などで血液を固まりにくくする薬を使用していたり、もともと血が固まりにくい病気にかかっている人でなければ、約1～2週間で出血はひいていきます。ただ外見はとても派手な出血であるため、とても心配されて受診される方が多いのですが、とくに治療をする必要はありません。

■出血と充血は違う

ただし、注意していただきたいのは出血と充血は異なるということです。

出血というのは、血管に何らかのダメージが加わり、血管が破れてしまって血液が外に漏れ出してしまった状態です。先ほど説明したように血液に何か特別な病気があったり、薬を使用している人でなければ、出血自体はすぐに止まることが多いです。鼻血や、うちみのときにできる青あざのようにしばらくすると自然にひいていきます。

一方で、充血というのは血管の中に血液が滞《とどこお》って、いわゆるうっ血した状態であり、通常よりも血管が太く腫れ上がった状態になっています。目にバイキンが入っていたり、目の中で炎症が起きていたりすると、充血してくることがあります。これは言いかえれば目に何か異変が起きていますよ、というサインのようなものです。放っておくと、どんどん症状が進行していったり、他の人に感染してしまうものもあります。また、結膜下出血の中には何度も繰り返すものもあります。結膜弛緩症《けつまくしかんしょう》といって、白目がゆるんで一部がまぶたのふちに乗り上げてしまうような症状があるときは、結膜下出血を繰り返すことがあります。そのような場合には、眼科を受診するようにしてください。

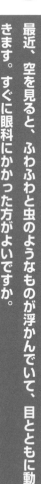

●飛蚊症

Q 最近、空を見ると、ふわふわと虫のようなものが浮かんでいて、目とともに動きます。すぐに眼科にかかった方がよいですか。

A 目を不意に動かしたときなどに黒いゴミのようなものがふわふわと動いて見えることがあります。まるで蚊が飛んでいるように見えることから飛蚊症《ひぶんしょう》と言います。一言で飛蚊症といっても、そのまま様子を見ていてよいものや、すぐに治療が必要なものまでいろいろなものがあります。

■あわてて眼科を受診しなくてもよい飛蚊症

大半の飛蚊症はそのまま様子見でよいもので、眼の奥の硝子体《しょうしたい》というところが年齢とともに変化を起こして、はがれてしまったり、しわがよってくることが原因です。簡単に言えば、歳をとるとお肌にしわができるのと同じように、眼の奥にもしわができてくるのです。ただ、目の奥のしわは比較的若いころからもできてきて、20代のときに飛蚊症を自覚することも珍しくありません。このような飛蚊症の特徴としては、目を動かしたときにそれにつられて黒い点が遅れてついてくるような動きをします。白い壁を見ると目立って見えることが多いようです。いつの間にかこのような症状が出ている、ということが多く、ある瞬間から突然起こるものではありません。黒い点の量が急に増えたり、急に広い範囲に広がったりしない限りは、とくに治療の必要はありません。

■すぐに治療の必要がある飛蚊症

飛蚊症の中には、網膜剥離、網膜《もうまく》裂孔《れっこう》や硝子体出血のように、すぐに

医師の資格って、どうなっているの？　Break Time

●お医者さんは眼科医、外科医など、別々の資格があるの？

国家資格としての医師免許は全科共通の一種類だけです。これは、医師として仕事をすることを許可する資格で、現在のところ専攻科の勉強を始める前に試験を受けます。

ところで、学問の世界には学会というものがあり、いろいろな分野を専門的に研究している人たちの集まりです。医学会の中にも、内科、外科、眼科など各科の学会もあり、これらの多くは「専門医」「認定医」などの資格を出しています。これらは、各科の医師として一定レベルに達しているということを認定する資格で、一人でいくつも持つこともできます。

しかし、何科医になるにしても、法律上必要な資格は医師免許だけで、その科の「専門医」または「認定医」がなければいけないというわけではありません。また、内科や外科など医学の基本になる科は、他の科の医師でも基本的な知識は必要です。しかし、眼科や耳鼻科など体の一部に関する科については、ほかの科の医師はあまり知らないのが実状です。

治療が必要なものが原因となることがあります。網膜剥離の場合、視野の広い範囲が急に見えにくくなり、白い幕のようなものが見えることもあります。硝子体出血の場合、かなり広い範囲に何かが飛んでいるように見え、赤い血液のようなものがそのまま見えることもあります。糖尿病の人や、血液がかたまりにくい症状がある人は、硝子体出血の可能性がありますので、早いうちに眼科にかかった方がよいです。

また、実際には光などないのに、不意に光のようなものがキラキラと見えることがあります。これを光視症《こうししょう》と言います。網膜剥離や糖尿病網膜症などでこのような症状になることがあります。右か左かどちらの目で起きているのか分かることが多いですが、片頭痛《へんずつう》や脳腫瘍《のうしゅよう》の際には左右どちらの目の症状かが分からないことがあります。その際には神経内科の医師に相談した方がよいでしょう。

飛蚊症、光視症はいずれにしても、診察を受けてもらうときに、どちらの目でどのような見え方なのかを医師に明確に説明できるようにしておくと、診断がスムーズにいくことが多いようです。

健康保険の適応外ですが、飛蚊症に対する新しい治療法として、レーザーで飛蚊症の治療ができるようになりました。

●ものもらい

Q 二日前からまぶたが腫れてきて触ると少し痛みがあります。どうしたらよいでしょうか。

A いわゆる「ものもらい」かと思います。眼科を受診し、適切な治療を受けてください。

■ものもらいとは

「ものもらい」とは、まぶたに炎症を起こして腫れてくる疾患のことをいいます。「ものもらい」とは俗称であり、地域によっては「めばちこ」「めいぼ」ともいわれ、学術的には「麦粒腫《ばくりゅうしゅ》」と「霰粒腫《さんりゅうしゅ》」の二つに大別されます。

■麦粒腫

麦粒腫とは眼瞼《がんけん》に付属する腺組織に細菌が感染することによって起きる、感染性炎症疾患です。まつ毛に付属する皮脂腺《ひしせん》(Zeis腺)と汗腺《かんせん》(Moll腺)に感染する外麦粒腫と、マイボーム腺(涙の成分のうち油分を分泌している腺)に感染する内麦粒腫《ないばくりゅうしゅ》とに分けられますが、いずれも抗菌剤の点滴、眼軟膏《がんなんこう》、内服薬などで治療を行います。悪化すると膿《うみ》が溜まってかなり痛みを伴うので、切開して膿《うみ》を出すといった治療を行うこともあります。

■霰粒腫

霰粒腫とはまぶたの中にある瞼板《けんばん》という支持組織内にあるマイボーム腺に炎症を起こすことによって脂肪肉芽腫《しぼうにくがしゅ》が貯留する状態で、こりこりと「しこり」のようなものを触れる疾患です。

眼科の教科書には「非感染性無痛性炎症性肉芽腫」と表記されているように、麦粒腫と違って細菌感染によって起きるものではなく、マイボーム腺が何らかの原因で詰まることに起因する炎症性疾患で、マイボーム腺内に炎症によって生じた脂肪肉芽腫という脂肪の塊のようなものが貯留して、その部分がしこりとして触れます。

通常、痛みを伴うことはないのですが、霰粒腫のでき始めの頃や瞼板を突き破って皮膚側にも炎症を起こすと赤く腫れたり、痛みを伴ったりすることもあります。

また、結膜側にも炎症が及ぶと「葉状霰粒腫《ようじょうさんりゅうしゅ》」といって結膜に肉芽腫が茎上に出てくることがあります。

　治療方法ですが、霰粒腫のでき始めの頃は痛みを伴い腫れるため、麦粒腫との見分けがつかないことが多いので、まずは麦粒腫の治療に準じて抗菌剤の投与を行います。

　抗菌剤治療で完治すれば麦粒腫ということですが、腫れや痛みが引いてもしこりが残る場合は霰粒腫に準じて治療方法を切り替えます。

　霰粒腫は「炎症性肉芽腫性」といわれるように炎症性疾患のため、抗炎症剤であるステロイド剤の点眼、眼軟膏で改善します。5ミリメートル未満の小さなものであればステロイド剤で経過をみますが、しばしば治癒するまでに数ヶ月以上要することがあるため、5ミリメートル以上の大きなものや、5ミリメートル未満の小さなものでもなかなか改善しない場合は、切開してマイボーム腺内の脂肪肉芽腫を摘出するといった外科的手術が必要になるケースがあります（霰粒腫の大きさ、皮膚側に出ているか結膜側に出

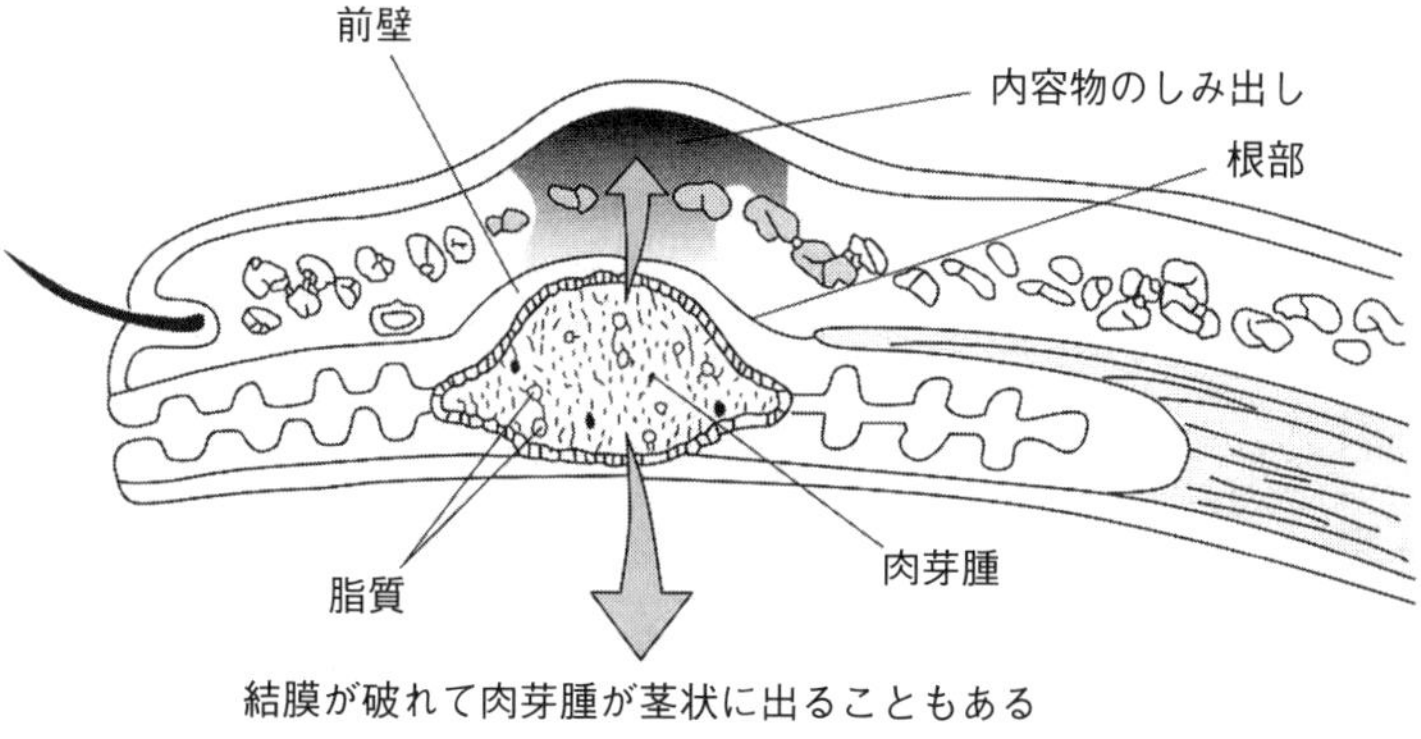

ているかによって、皮膚切開法で行うか結膜切開法で行うかどうか、やり方が変わってきます）。

また、40歳以上であれば脂腺癌などの悪性腫瘍との鑑別が必要です。しこりが黄色っぽいもの、表面がデコボコしていて出血しやすいものなどは要注意です。

霰粒腫は日常よくある疾患なのですが、なかなか改善しなくて、完治するまでに数カ月、場合によっては1年以上もの時間を要したり、外科的手術しても10％くらいは再発したり、違うところにもできたりするので、医師も頭を抱えるような意外とやっかいな疾患です。

まぶたが腫れてきたり、しこりを触れたりするようであれば早めに眼科受診をして適切な治療を受けてください。

●翼状片

Q 黒目の縁に何かできものができて、黒目に入ってきました。すぐに取った方がよいですか。

A 翼状片《よくじょうへん》の疑いがあります。あわてる必要はありませんが、視力が悪くなるようなことがあれば、手術が必要になりますので、眼科にかかってください。

■翼状片とは

加齢とともにできることが多く、多くは50歳以上の方に起こります。黒目に白目の部分が三角の形に翼状に進入するため、翼状片と呼ばれます。原因は分かっていませんが、熱帯など赤道近くの地域で発生が多いことや、溶接工や農作業従事者などにできやすいので、日光（紫外線）や、ほこりの影響が疑われています。翼状片は良性のもので、必ず手術が必要というものではありません。

■翼状片の治療

手術が必要になるのは、結膜の進入によって視力が悪くなりそうな場合です。瞳の部分が結膜で覆われると、見えにくくなってきますので、そうなる前に手術が必要です。また、瞳にはかかっていなくても、結膜が黒目の部分を引っ張ることにより、乱視が強くなり視力が落ちることがあります。以前、翼状片の手術はその部分を切除するだけの手術だったので、その多くが再発し、治療に苦慮することが多かったのですが、現在は手術法も改良され、再発も少なくなりました。

手術では、切除した部分をそのままにすると再発しやすいので、近くの正常な結膜を移動したり、離れたところの結膜を移植したりします。再発した翼状片に対しては羊膜《ようまく》を組み合わせた治療法も試みられています。

翼状片は、誘引となるものはありませんが、けがや火傷、逆まつげなどの刺激により翼状片のような変化を起こすことがあります。これを偽翼状片と言います。翼状片と同じような手術を行い

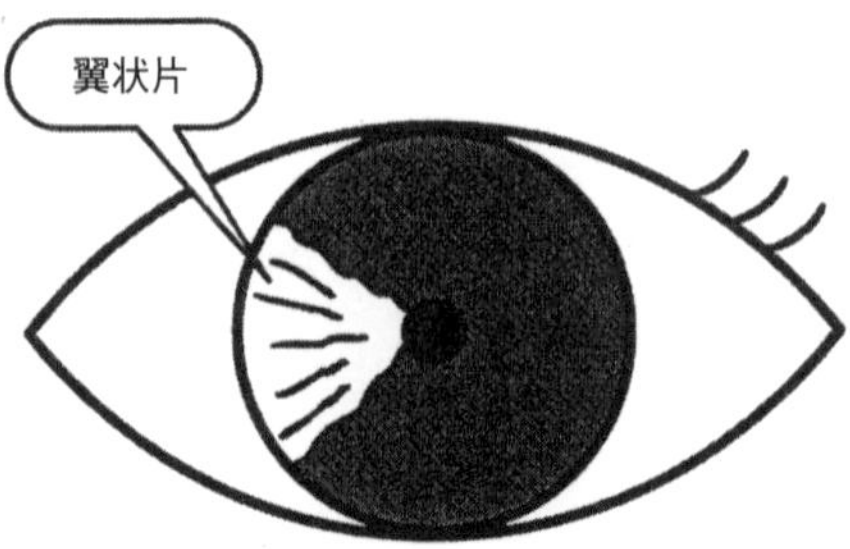

ます。ただし、翼状片と思われた中には、翼状片でないことがまれにあります。急速に進行するもの、50歳以下の発症などは、手術の際、切除した組織を詳しく調べてもらう必要があると思います。

●緑内障

Q

健康診断で眼圧が高いと言われました。とくに目の自覚症状はありません。すぐに眼科にかかった方がよいですか。

A

視力の低下や目の違和感などの自覚症状がなくても見える範囲（視野）が狭くなっていることがあります。急性の緑内障発作でなければ、すぐに失明することはほとんどありませんが、知らずに放置すると失明する場合もあり、人によっては手術も必要です。

■房水と眼圧

もともと目の中では角膜や水晶体に栄養を送るために、常に房水という水が流れています。この水は虹彩（茶目）の裏側でつくられ、瞳孔（黒目）を通って虹彩の表側に出て、虹彩の付け根の部分にある排水溝のようなところから流れ出し、静脈に吸収されます。この水の流れがあってこそ、眼球はその形を保っていられるのですが、この水のつくられる速さと、排出の速さのバランスによって目の固さ、すなわち眼圧が決まります。正常な眼圧は10～20㎜Hg（ミリメートル水銀柱）の間で変動していますが、バランスが崩れ、うまく水が流れていかないと21㎜Hg以上の高眼圧となり、視神経に過剰な圧力がかかり、視覚障害、とくに視野《しや》障害《しょうがい》を起こします。ただし、視覚障害を起こす眼圧には個人差があり、眼圧が20㎜Hg台でも何の視野変化も認めない人もいれば、10㎜Hg台でも視野変化が起こっている人もいます。

視野欠損の進み方・左目の場合

鼻側から進行

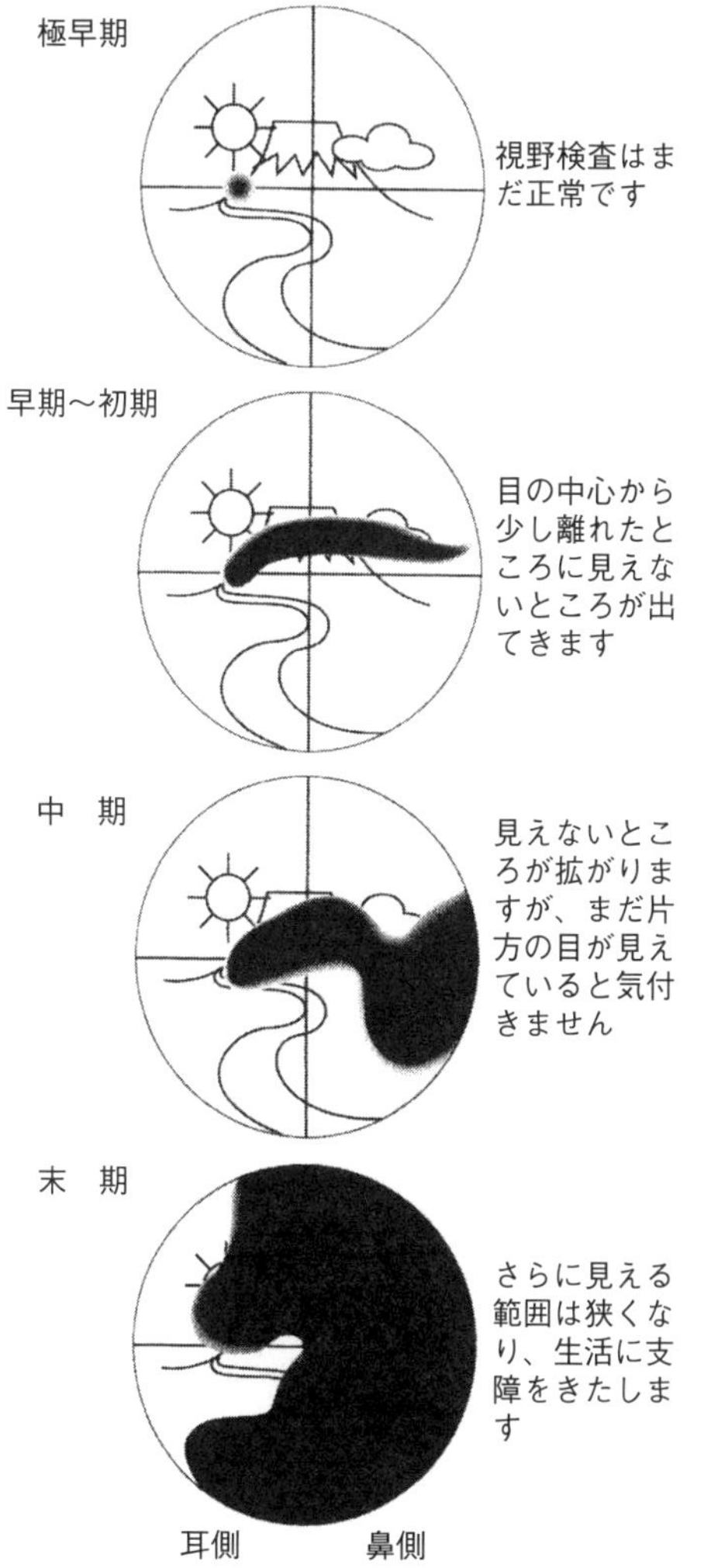
極早期
視野検査はまだ正常です
早期～初期
目の中心から少し離れたところに見えないところが出てきます
中　期
見えないところが拡がりますが、まだ片方の目が見えていると気付きません
末　期
さらに見える範囲は狭くなり、生活に支障をきたします
耳側
鼻側

中期～末期にならないと気付かないこともあります

房水の排出が悪くなると眼圧が上がります

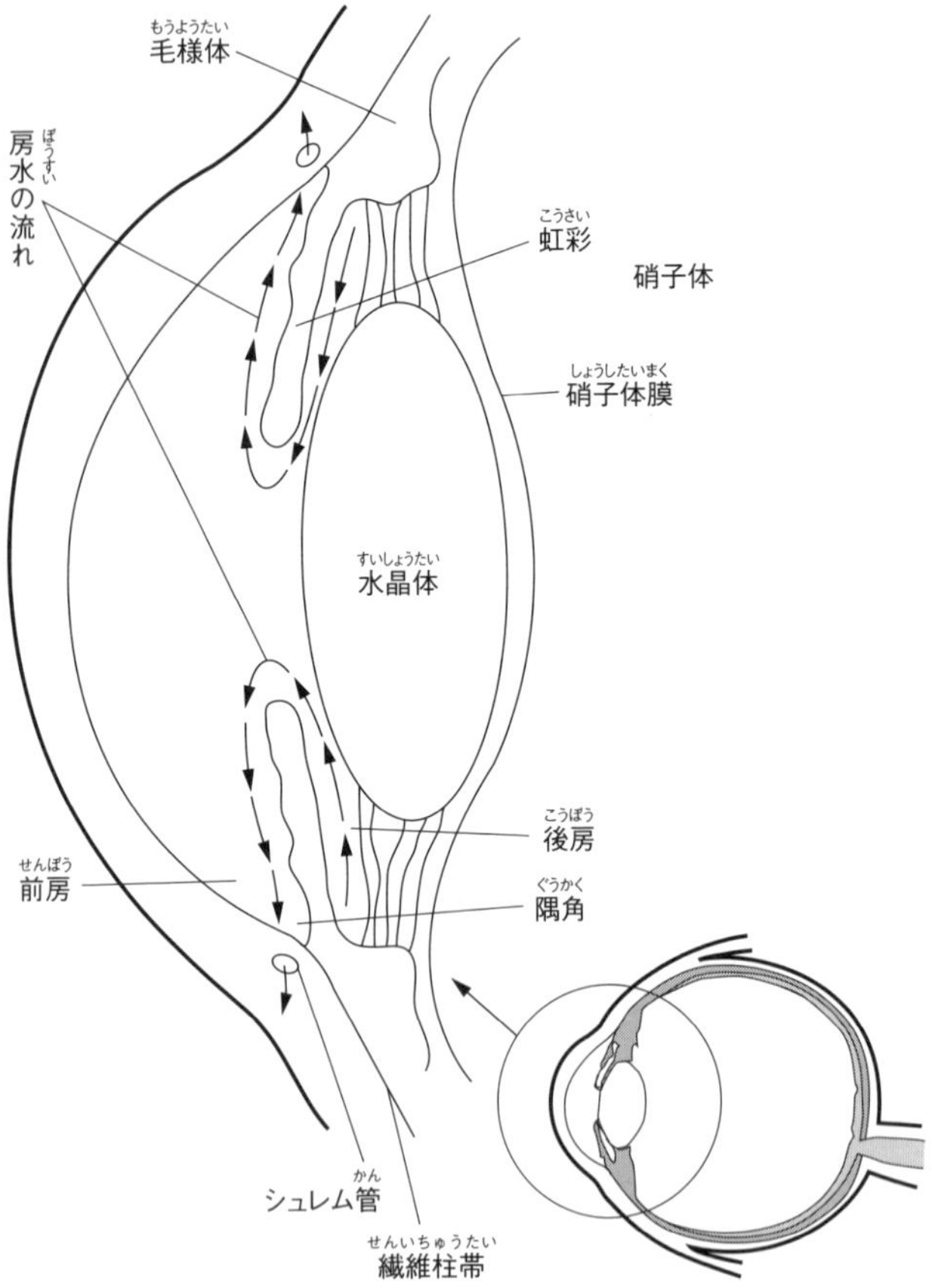

最近では通常の視野検査では異常が認められない人でも、網膜の断層画像を撮影することのできる検査で、網膜の神経線維層の一部が薄くなっている「前視野緑内障」と呼ばれる状態になっている人もわかるようになってきました。

■緑内障の治療

急性の緑内障発作でなければ、すぐに失明してしまうことは少ないので、緑内障性の視野変化が認められる人はまず、その人の全身状態を確認した上で、使用できる眼圧降下剤の点眼薬を使用し、眼圧の下がりと、視野の変化を確認します。眼圧降下剤の内服や点滴もありますが、副作用の点で長期の使用は難しく、使えるだけの点眼を使用しても視野変化が認められる人は、水の排出の障害となっている部分に対して手術をします。

排出の障害となる部分の数以上に手術方法があり、眼圧上昇の原因や、眼圧、視野障害の程度、年齢、眼科手術の既往、手術の合併症、成功率などを検討して、それぞれの患者さんに最も適した方法で手術をします。ただし、眼圧が下がったとしても、それまでの視覚障害は残ります。また、緑内障は完治する病気ではありませんので、定期的な眼圧や視野の確認が必要です。自覚的には変化がなくても眼科を受診し、確認することをお勧めします。

●網膜剥離

Q 急に片目の視野にカーテンがかかったようになり、視野が狭くなって見えにくくなりました。どうしたらよいでしょうか。

A おそらく網膜剥離《もうまくはくり》によるものと思われます。網膜剥離であれば、放置すると失明しますので、緊急に眼科を受診してください。

■網膜剥離とは

10～20歳代と50～60歳代の近視の人に発生しやすいことが知られています。多くは網膜に穴があき（網膜裂孔《もうまくれっこう》）、その穴から目の中の水分が網膜の裏側にまわりこんで穴を広げていき、網膜が網膜色素上皮だけ残して脈絡膜から剥がれます。網膜剥離の部位は、最初は網膜の周りの一部で起こることがほとんどですが、経過とともに網膜全体に広がり、失明してしまいます。

網膜剥離の治療

Ⅰ　網膜に裂け目がある状態

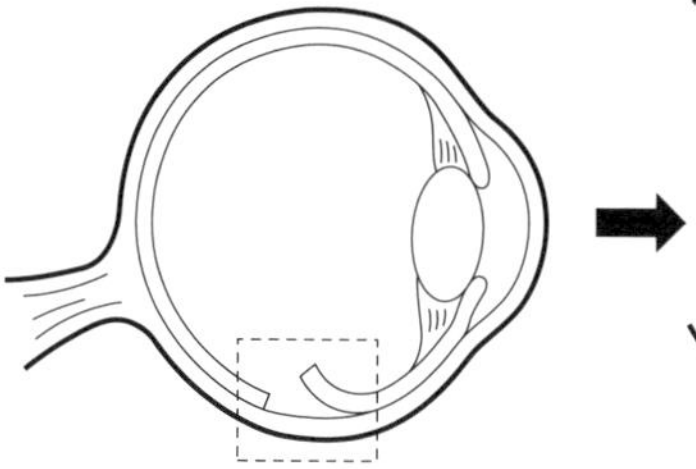

治療

レーザーで裂け目の周りを凝固して、これ以上剥がれるのをせきとめる治療

Ⅱ　網膜が剥がれている状態

剥がれた網膜の下に水がまわり込みます

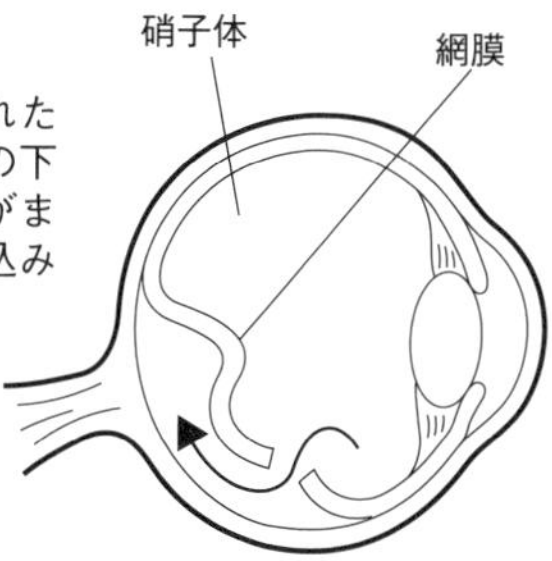

治療

1）強膜内陥術
①まわった水を眼の外に排出します

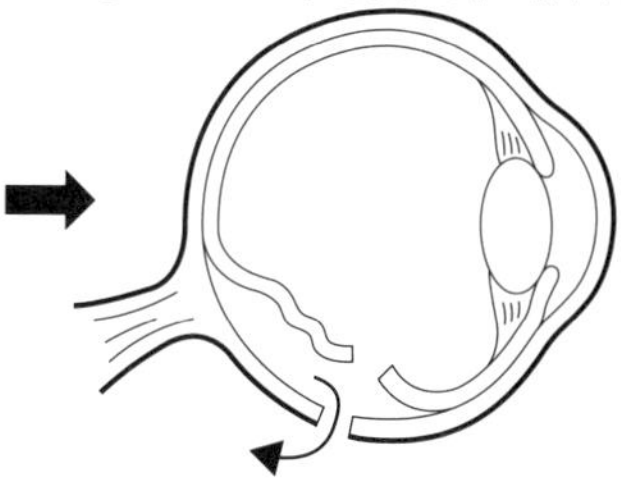

②眼球を外からへこませて網膜をつけます

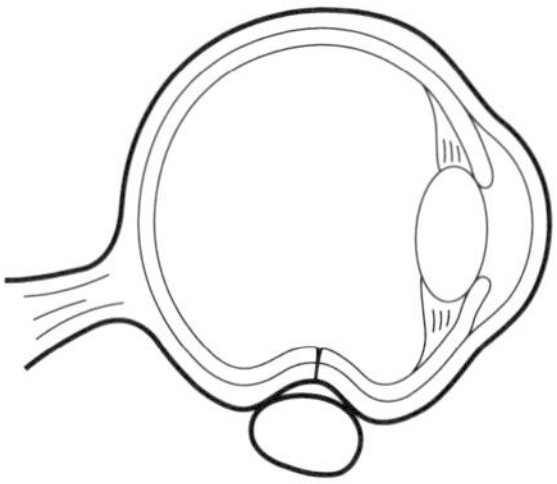

2）硝子体切除術・気体注入術
　網膜を引っ張る硝子体を切除します。その後、目の中にガスを入れて膨らませ網膜を押さえ付けます。そのガスは自然に吸収されます

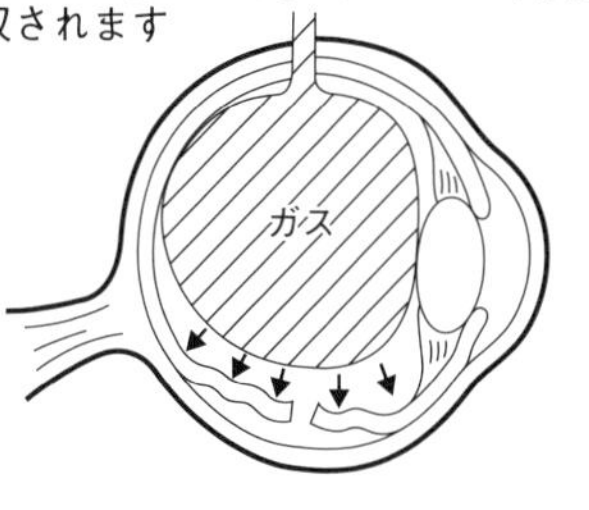

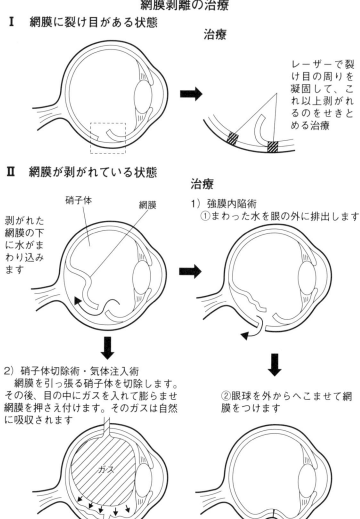

■網膜剥離の治療

治療は、網膜が剥がれる前の穴だけの網膜裂孔の状態なら、レーザー光線で穴の周りの網膜を焼き固めることで、目の中の水分が網膜の裏側にまわりこむことを防ぎ、網膜剥離への進行を予防できることがほとんどです。しかし、網膜が剥がれてしまっていると、手術以外に治療法はありません。手術には、眼球の外から治す強膜内陥術《きょうまくないかんじゅつ》と、内から治す気体注入術、硝子体手術などがあります。年齢、剥離の状態によって手術方法を選択し、二つ以上の手術方法を組み合わせて行うこともあります。治療が遅れると治療が難しくなりますし、網膜が治っても視力が戻らなかったり、物がゆがんで見えたりする後遺症を残します。黒いものが飛んで見えたり、周辺に黒いものが見えた場合には、網膜剥離の可能性があると考え、早めに眼科を受診し、早期治療を受けることが重要です。

眼の病気の呼び方は　Break Time

●昔から「青そこひ」、「白そこひ」と言われるが、何のこと？

「そこひ」というのは、目の奥（眼底）の病気のことです。緑内障の発作が起こると、黒目が青っぽい緑に見えることがあります。白内障は進むと、黒目の真ん中部分が白く見えるので、そう言われています。目の色が変化していたら、すぐに眼科を受診してください。

3 子どもの眼疾患

●斜視1

Q

2歳の子どもがいますが、目が寄っているように見えます。どうしたらよいですか。

A

一般に、物を見るときには両目とも見ようとする物の方に向いていますが、どちらか片方の目が目標物と違う方向に向くことがあります。これが斜視《しゃし》と呼ばれるものです。また、一見斜視のように見えても、偽斜視《ぎしゃし》といって本当はそうでない場合もあります。斜視の種類によっては手術が必要な場合もありますので、なるべく早めに専門医の診断を受けることをお勧めします。

■斜視の分類

斜視は、物を見ているときに片方の眼がどの方向にずれているかによって

眼位ずれの方向による斜視の分類

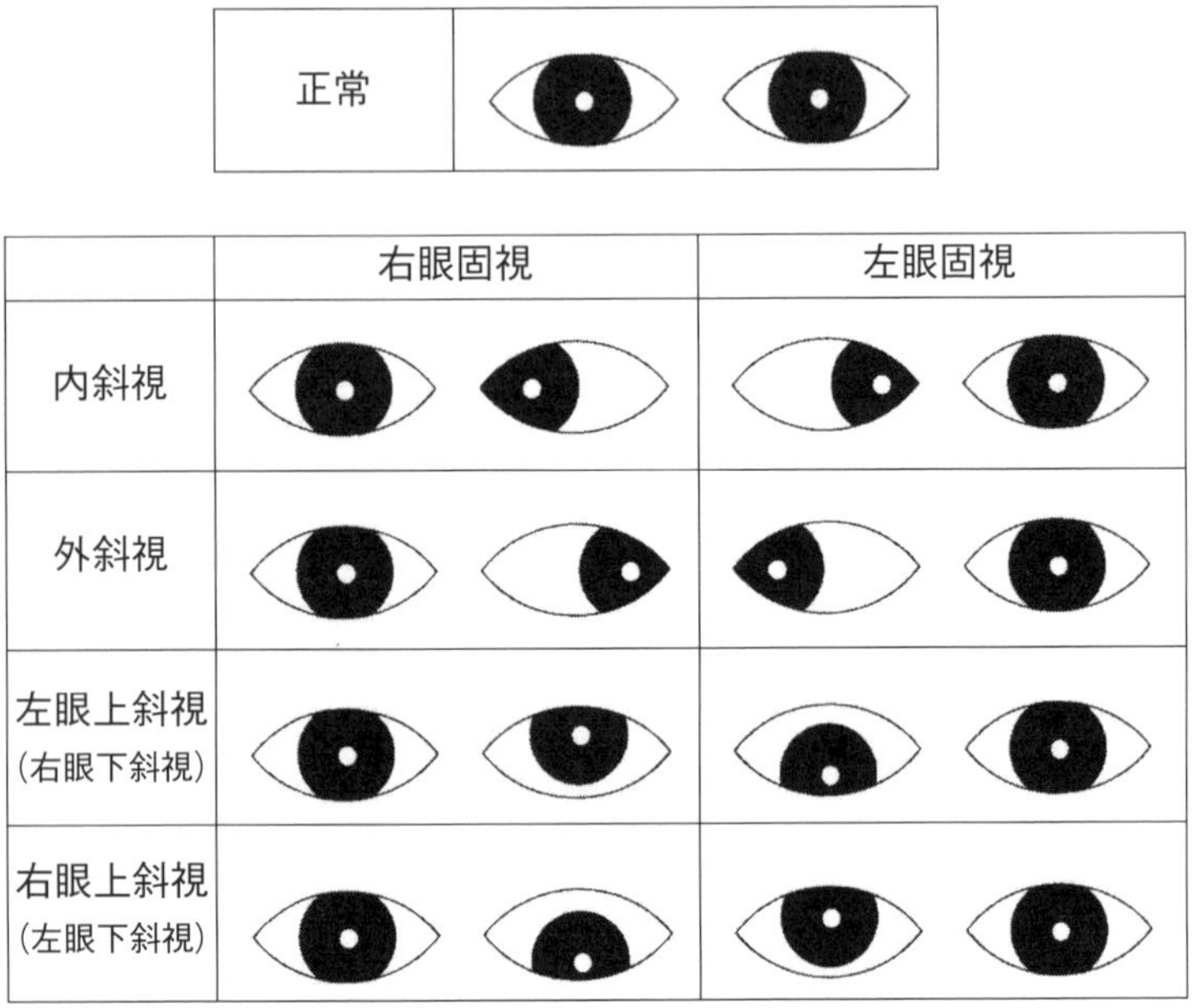

上図のように分類されます。

一方、鼻の低い赤ちゃんで白目の内側の部分が見えないために目が内に寄っているように見える場合がありますが、これは顔の成長に伴って鼻の根元も成長するため、次第に目立たなくなっていきます。このように、斜視のように見えても実際は斜視でないものを偽斜視と言います。

■視能矯正

子どもの斜視は、両眼視（両方の目を同時に使うこと）の最も発達する幼児期に発見し、治療を始めることが大切です。両眼視がで

偽内斜視の見分け方

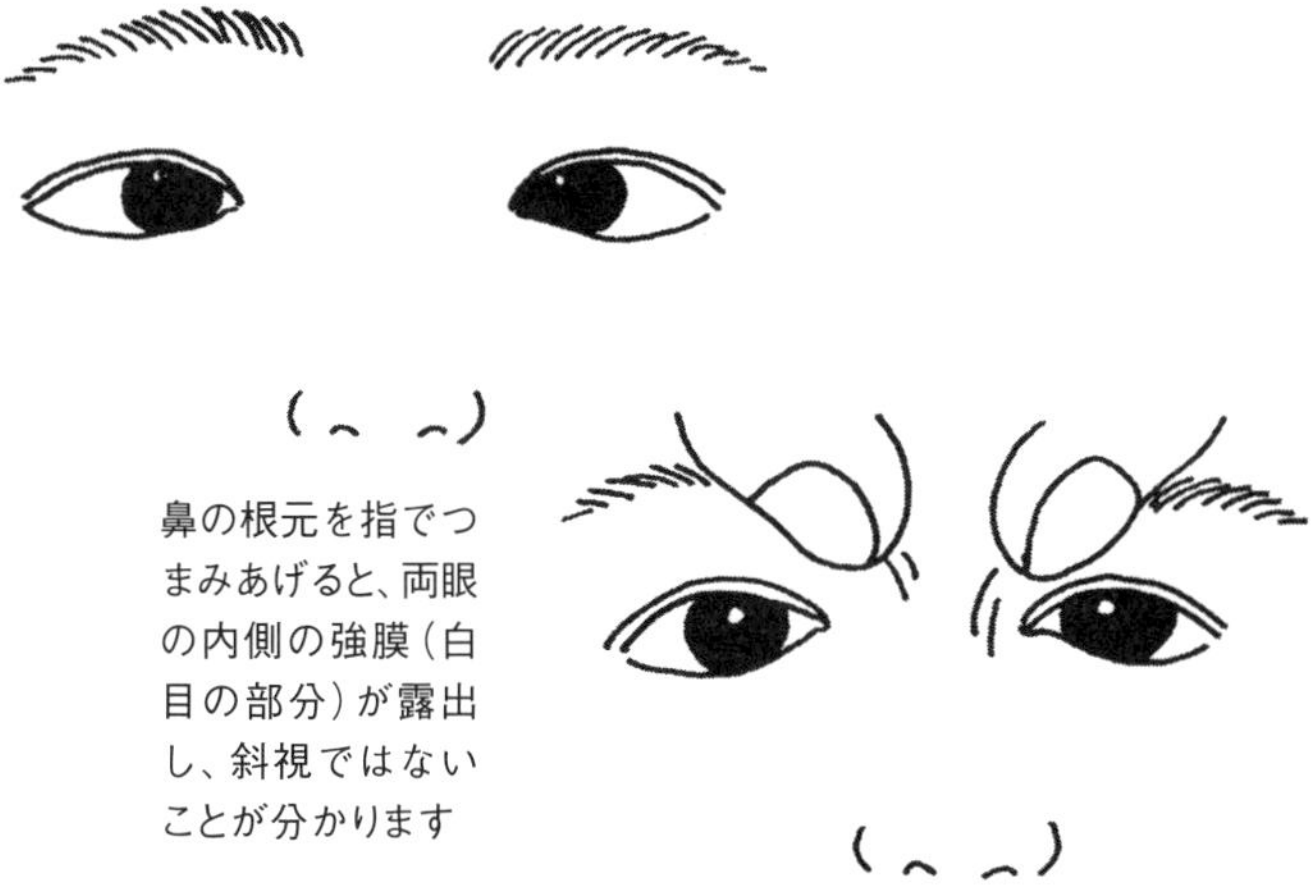

鼻の根元を指でつまみあげると、両眼の内側の強膜（白目の部分）が露出し、斜視ではないことが分かります

きない状態で放っておくと、物を立体的に感じられなくなったり、斜視になった方の目が使われずに弱視になったりすることがあります。

また、家庭での子どもの様子から斜視を発見することができる場合もあります。例えば物を見るとき、「顔を傾けて見る」、「アゴを上げて（下げて）見る」、「片目をつぶって見る」など、何か見づらそうな行動をするときには斜視が疑われることもあります。斜視には、常に片方の目がずれている恒常性のもの、時々斜視が現れる間歇性《かんけつせい》のもの、また、斜視の日とそうでない日が交互に現れる隔日性のものなどいろいろな種類があるので、日ごろから子どもの目や行動をよく観察し、それを眼科にかかった際に伝えておくと、手術の適応や治療方針を決める上で参考になることがあります。

●斜視2

Q　子どもが3歳児検診で斜視と診断されました。どうしたらよいでしょうか。

A　斜視には他の眼疾患《がんしっかん》を伴っているケースや、弱視といって、視力が正常に発達していないこともありますので、早目に専門医の診断を受ける必要があります。

■斜視の治療はあせらずに根気強く

治療は斜視の状態によって異なります。時には手術が必要な場合もありますが、メガネをかけることで斜視が改善される場合もあります。

子どもの斜視をそのままにしておくと、両眼視機能（物を立体的に見る力など）の発達が遅れてしまうおそれがあります。この両眼視機能は子どものうちにしか発達しませんので、早めに斜視の治療を始めることが重要です。子どもの斜視の治療は一度の受診では終わらず、検査を複数回行い、病状を把握し、治療方針を決めるため日数がかかることも珍しくありません。治療を中断することなく、あせらずに根気よく通院することが大切です。

■眼科受診の前に

受診の前に次のことをチェックしておくと診察がスムーズに進みます。

①家庭で子どもの目をよく観察し、眼科医に伝えましょう。目が外に外れるのか、内に寄るのか、上下にずれるのか、いつも同じ目が斜視になるのか、左右交互になるのか、視線がまっすぐになるときがあるのか、いつも視線がずれているのか、外に出たとき、まぶしがって片目をつぶったりするのか、頭をいつも同じ方向にかしげたり、回したりしているのか、等々です。

②赤ちゃんのころの写真を見て、いつから斜視が起こっているのか調べてみましょう。よく分からないときは、各年齢の顔がはっきりと写っている写真を選び、診察時に眼科医に見てもらうのがよいでしょう。

③視力検査の練習をしておきましょう。子どもが視力検査を理解できず、検査に集中しないため視力が正しく測れないとそれだけ診断が遅れてしまうからです。白い紙に黒いペンでアルファベットの「C」の字を太く書き、子どもに見せて、どちらが開いているか指で示す練習をしてみましょう。実際の視力検査では、左右の見え方の差を調べるために、検査用のメガネをかけたり、ガーゼなどで片眼を隠すことがあります。ところが、子どもはこれを嫌がってはずしてしまうことが多いので、家庭で練習をしておくのもよいでしょう。

●弱 視

Q

遠視性弱視《えんしせいじゃくし》で、メガネをかけるように言われましたが、とても嫌がります。どうしたらよいでしょうか。

A

遠視のメガネは幼児の視力を育てるためのものです。嫌がってもメガネをかけさせることが必要です。

■メガネをかけさせるには、どうしたらいいの

初めから好んでメガネをかける子どもはほとんどいないと思います。それを無理やりかけさせると、ますますメガネが嫌いになってしまいます。そうならないためにも、周りの大人たちがメガネをかけやすい環境をつくってあげることが大切です。たとえば、お父さん、お母さんが度の入ってないメガネを子どもと一緒にかけてみるのも一つの方法です。子どもがメガネをかけたいと思うような工夫をしてあげて下さい。初めはメガネをかけることを嫌がると思いますが、メガネをかけていた方が見やすいと自覚するようになれば、自らかけるようになりま

す。

弱視の治療はすぐには結果が出ないため、あきらめずに根気強く治療していくことが大切です。

■遠視はなぜメガネをかけなくてはいけないのか

遠視はメガネをかけないでそのままにしておくと、遠くのものも、近くのものも網膜にしっかりとした像を結ばないため、脳にきちんと信号が伝わらず、脳の中にある見たものを分析する部分（視覚野）が十分に発達しなくなる恐れがあります。これが遠視による弱視です。視力の発達期間は、小学校低学年ぐらいまでと言われているため、この期間にきちんとした像が網膜に結んでいないと弱視になってしまいます。そのため遠視性弱視はメガネをかけることが一番有効な治療です。

■遠視は遠くも、近くもぼやけて見えます

遠くがよく見えるから遠視だ、と思っている人がかなりいるようです。それは大きな間違いです。それに対して近視は近くのものが比較的よく見えます。そのため、「近視＝近くがよく見える」、「遠視＝遠くがよく見える」という誤解が生まれたのであろうと思います。

5メートル以上遠くの像を見ているとき、私たちの目は水晶体の厚みを調節しない無調節状態で見ていますが、このとき遠視の人は網膜の後ろでピントが合ってしまうために、遠くがぼやけ、近くはもっとぼやけてしまいます。ただし、遠視でも程度が軽ければ、水晶体を厚くする「調節」を行って、ピントを合わせることができるので、遠くがよく見えます。しかし、近くにピントを合わせるには、遠くを見るよりもっと水晶体を膨らまさなければならないので、近くは見えにくくなります。このように遠視は、いつも毛様体筋（調節する筋肉）を緊張させているため、毛様体筋へのストレスが多くなり、疲れ目の原因になることがあります。

■遠視が強すぎると斜視になることがある

私たちの目は、近くを見るときに両目は内側を向きます。これを「輻輳《ふくそう》」といいます。この輻輳は水晶体を厚くすることとセットになって働きます。遠視では遠くを見るときも水晶体を厚くする調節をしないと見えません。そのため同時に輻輳も起こることで、目が内側に寄ってしまいます。近くを見るときは、さらに水晶体を厚くするため、より眼が内側に寄ってしまいます。これを「調節性内斜視《ちょうせつせいないしゃし》」と言います。

治療は遠視を矯正するメガネをかけることです。

●色覚異常

Q 先日、息子が緑色だといって買ってきたカードが茶色でした。また、時々他の人に色の間違いを指摘されることがあります。どうしたらよいですか。

A 先天色覚異常《せんてんしきかくいじょう》の可能性があります。色覚を専門とする医師のいる病院を受診し、色覚異常の有無や程度を調べることをお勧めします。

■色覚異常とは

網膜には色を感じる錐体という細胞があります。錐体には、主に赤色（長波長光）に敏感に反応するL錐体、主に緑色（中波長光）に敏感に反応するM錐体、主に青色（短波長光）に敏感に反応するS錐体があり、これらの錐体が正常に機能しないことによって色覚異常が生じます。生まれつきの先天色覚異常と、網膜の病気によって引き起こされる後天色覚異常がありますが、一般的には先天色覚異常のことを言います。

■色覚異常の人は色がわからない？

色覚異常はかつて色盲と言われており、言葉のイメージから「色がわからないので、白黒の世界に住んでいる」「特定の色を感じることができない」と思っている人がいますが、全くの誤解です。色の感じ方が異なるため、「ある特定の色と色」を区別する力が弱いだけで、色がないとか色がわからないわけではありません。ただし、瞬時に判断を求められる時、注意力がかけている時、遠くのもの（本人にとって面積が小さなもの）を見た時、薄暗い場所でなど、悪い条件の下では正常の人に比べて色を間違える可能性が高いので注意が必要です。

■先天色覚異常は男性に多い

先天色覚異常は、男性では約5％（20人に1人）、女性では約0・2％（500人に1人）と男性に多く認められます。

これは男性がX連鎖劣性遺伝の形式をとるからです。

男性はX染色体とY染色体を一つずつ、女性はX染色体を二つ持っており、色覚異常の遺伝子はX染色体上にあります。男性の場合はX染色体が一つのため、色覚異常の遺伝子があった場合には必ず色覚異常となりますが、女性の場合はもう一つのX染色体が正常の場合はほぼ正常色覚（保因者）となり、二つそろわないと色覚異常になりません。

■色覚異常は治りません

今のところ先天色覚異常を治すことはできません。ただ、先天色覚異常は悪くなることもありません。色覚補正眼鏡というものがありますが、これはあくまでわかりにくい特定の色を見分けやすくするだけであって、正常色覚の人と同じように見えるようになるわけではありませんので注意してください。

■色覚検査は必要

先天色覚異常は、自分で自分の異常に気づきにくいため、色覚異常が疑われる場合、色覚異常の有無や程度を検査することはとても大切です。色覚検査により、自分がどの程度の色覚異常であるかを知り、どういった色を間違えやすいかを自覚することで、支障なく社会生活を送ることができると思います。

小学校で行われていた色覚検査は２００３年に一旦廃止になりましたが、就職時や就職後になって初めて自身の色覚異常を知り困った事例が多く報告されたため、２０１６年度よりまた積極的に行われるようになってきています。

●白色瞳孔

Q **生まれたばかりの子どもの瞳孔が白っぽく見えます。すぐに眼科にかかった方がよいですか。**

A **白く見えるときは明らかに何か病気があります。すぐに眼科を受診してください。**

■白色瞳孔《はくしょくどうこう》

黒目の中心の瞳孔が白いことを白色瞳孔と言います。様々な原因が考えられます。黒目の奥には水晶体、硝子体、網膜、ぶどう膜といった様々な組織があり、これらの変性、炎症、腫瘍などによって瞳孔が白くなることがあります。したがって、同じ白色瞳孔といっても実に様々な病気が考えられ、治療法やその後の経過もまちまちです。子どもの目の病気に共通することとして、本人があまり訴えない場合が多いこと、視力が低い状態で成長すると視力の出ない弱視になり、大人になってから治療してもあまりよい視力が得られない場合が多いこと、早期発見・治療がよい結果につながること、紛らわしい病気が多いことなどが挙げられます。何か変だと感じることがあったら、受診を先延ばしにしたりせずに、なるべく早く眼科を受診することをお勧めします。

■先天性白内障《せんてんせいはくないしょう》

白内障は一般に加齢に伴って老人に起こる水晶体の濁りですが、誕生直後ないし3カ月以内に見られる場合があり、先天性白内障と呼ばれます。原因不明のこともありますが、遺伝性の全身疾患に伴うもの、妊娠中に母親が風疹《ふうしん》にかかったことによるもの、出産時の外傷によるものなど様々な原因で起こってきます。軽いものでは様子を見るだけでよいこともあります。濁りが強く視力の発達に支障が出る場合は手術治療が必要になります。早めに濁りをとって、見える状態にしてあげないと弱視になってしまいます。

■網膜芽細胞腫《もうまくがさいぼうしゅ》

乳幼児の眼内に発生する悪性腫瘍で、「赤ちゃんの目が猫みたいに光る」などの白色瞳孔、斜視などの訴えで、多くは1歳半~2歳ころまでに発見されます。出生児1万5000~3万人に一人の割合で発症すると言われています。人種差や男女差は認めません。両眼性と片眼性とがあります。両眼性のすべてと片眼性の一部は遺伝性と言われています。

瞳孔が白く見えるのは腫瘍による白い反射が瞳孔から見える現象です。剥離した網膜が白く見えていることもあります。目の奥が見える場合は診断に迷うことはまれです。腫瘍の進行度についてはCT検査やMRI検査が重要になります。

治療法としては自然治癒していることが疑われる場合は経過観察します。目以外に転移しているような場合や眼の痛みが強いようなときは眼《がん》球摘出《きゅうてきしゅつ》の対象になります。年齢・腫瘍の大きさ・位置・数・もう片方の目の状態などで放射線療法や化学療法などといった、眼球を保存する治療法となることもあります。

赤ちゃんの目について　Break Time

●2カ月の赤ちゃんの目が白目になったり、寄り目になったりしているけれど、大丈夫？

生まれて1カ月ぐらいの赤ちゃんは目の前で手を振るのが分かるくらいです。1歳になってようやく0.3ぐらいの視力と言われています。3歳になるころに視力1.0ぐらいになり、両目で見る力もほぼ完成します。

２カ月の赤ちゃんだと50センチメートルぐらいのものしか見えていないし、まだ両方の目でものを見るということがうまくできません。赤ちゃんはよく寄り目のように見えます。また、目と目の間が広くて目頭の皮膚が耳の方に引っ張られているので内側の白目が隠れていることもあります。もう少し月齢が高くなってくると、両方の目でうまくものを見ることができるようになってきて、あまり寄り目が気にならなくなります。

斜視かどうかをチェックしてみましょう。

①両方の目頭を内側に引っ張って、黒目が両方とも真ん中にありますか？

②ペンライトで照らして両目とも光の反射が瞳孔の真ん中にありますか？

③それでもずれているなら眼科を受診してみましょう。

4 若者に発症する目の病気

●円錐角膜

Q 高校2年の男子です。最近視力が悪くなり、眼科に行ったら乱視が強くメガネではよい視力が出ないと言われました。何か異常があるのでしょうか。

A 円錐角膜《えんすいかくまく》かもしれません。専用の検査機器がある施設で精密検査を受けてください。

円錐角膜《えんすいかくまく》とは、10代から20歳代に発症することが多い病気です。角膜がもともと弱いために、眼内の圧力に負けて徐々に突出してきてしまう病気です。カメラで例えるとレンズの働きをする角膜が歪むため、進行すると視力が下がります。

円錐角膜は若いほど進行しやすく、進行とともに視力が低下するとメガネでは矯正できなくなります。アトピー性皮膚炎やアレルギー性結膜炎で目をこする癖のある方は、進行が早いと言われています。

円錐角膜は一旦進行してしまうと元に戻らないため、適切な時期に適切な治療を受けることが非常に重要です。

■角膜クロスリンキング（進行予防治療）

角膜の強度を高めるための治療です。視力は若干改善傾向にありますが、基本的に進行予防の治療であるため、著しい改善は期待できません。このため、進行期にあたる患者さんに対して、重症化を防ぐことを目的として行います。

■各種ハードコンタクトレンズ

円錐角膜が進行すると、ハードコンタクトレンズでの視力矯正が必要になります。若いうちからハードコンタクトレンズに慣れて使えるようになっておくことが重要であるため、装用指導も含めた処方が必要です。軽症の方から重症の方まで対応できるように数種類の円錐角膜用レンズを用意し、どうしてもハードレンズに馴染めな

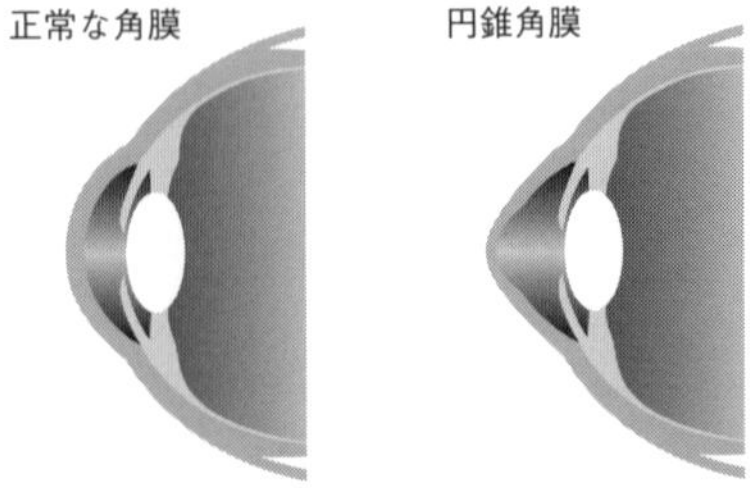

い方には、ソフトコンタクトレンズの上にハードコンタクトレンズを乗せるピギーバックという方法を用います。これで多くの方は異物感なく装用することができます。

■特殊コンタクトレンズ

ボストンレンズは角膜に触らず強膜（白目の部分）で支えるため、異物感がほとんどないのが利点です。円錐角膜の重症度が高く、長時間ハードコンタクトレンズが装用できない場合や、若いうちは通常のハードコンタクトレンズができたが、年齢とともに目がすぐに痛くなり装用できなくなった場合に処方します。基本的にはずれることがありませんので、仕事内容などによって、通常のハードコンタクトレンズがずれて装用しづらい方にも処方しています。

ミニスクレラルレンズ（i-sight）は基本的にはボストンレンズと同じ強膜レンズです。メリットは小さくて装用しやすいことですが、重症な円錐角膜には向かないというデメリットがあります。

ハイブリッドコンタクトレンズ（EyeBrid Silicone）は中心部がハードコンタクトレンズで、周辺部がソフトコンタクトレンズ素材で出来ています。両方のレンズのいいとこ取りをしたようなコンタクトレンズで、装用感に優れ、屈折矯正効果も高いです。デメリットは耐久性が低く半年～1年で交換が必要になる点です。

ユーソフトは日本製の特殊ソフトコンタクトレンズです。通常のソフトコンタクトレンズよりも分厚く、それによって角膜の歪みを矯正します。

■角膜内リング

角膜内リングは、角膜内に透明なリングを入れて、角膜の形状を改善させ、乱視などの角膜の歪みを矯正する方法です。ハードコンタクトレンズが装用できず、少しでも裸眼視力を改善させたい方に適しています。ただし角膜リングでの矯正効果はハードコンタクトレンズよりは劣るので、重症度が高い方には不向きです。またハードコンタクトレンズのフィッティング改善という目的で手術する場合もあります。円錐角膜の方は、角膜が突出しているために同じ場所がコンタクトレンズで擦れて傷ができ、痛くなったり角膜が白くなって見づらくなることがあります。この手術で角膜の突出を和らげ、コンタクトレンズが乗りやすくすることもできます。

■トーリックICL

円錐角膜の進行が止まっている方向けの屈折矯正方法です。ICLは、目の中に入れるコンタクトレンズのような薄いレンズで、厚生労働省承認です。目の中に入れるので、レンズの取り替えや洗浄などが必要なく、一生目の中に入れることが可能なものです。ただし、矯正可能なのは、メガネでもある程度視力が出る軽度の円錐角膜の方が対象です。

■角膜移植術

ハードコンタクトレンズでも視力が十分に矯正できない場合、角膜移植が選択肢になります。手術時間は約1時間で、深層角膜移植術という、角膜の悪い部分のみを取り替える、拒絶反応が起きにくい術式を行う事が多いです。角膜は国内ドナー及び海外ドナー（多くはアメリカアイバンクから）のどちらかが選択できます。また日帰りでの角膜移植も可能ですが、入院しない代わりに術後1週以内は頻回に病院に通う必要があります。

加齢性疾患 5

●白内障の症状と治療

Q 白内障の目薬を点していますが、効果はありますか。

A 白内障の進行を若干遅くする効果が期待されます。しかし、白内障を治す効果はありません。

■白内障《はくないしょう》とは

人間の目はよくカメラにたとえられますが、カメラのレンズに当たる部分は水晶体と呼ばれます。水晶体は眼の前の方、虹彩（茶目）のすぐ裏にあって、凸レンズの形をしており、光を曲げてピントを合わせ、物をはっきり見ることに関係しています。この水晶体は主にタンパク質と水からなる細胞でできており、常に水晶体の外側（水晶体皮質《すいしょうたいひしつ》）で新しい細胞がつくられ、古い細胞がしぼんで内側（水晶体核）に蓄積されるといった新陳代謝が行われています。このため年々、老廃物が溜まっていくことになり、水晶体は若

水晶体にはいろいろな濁り方がある

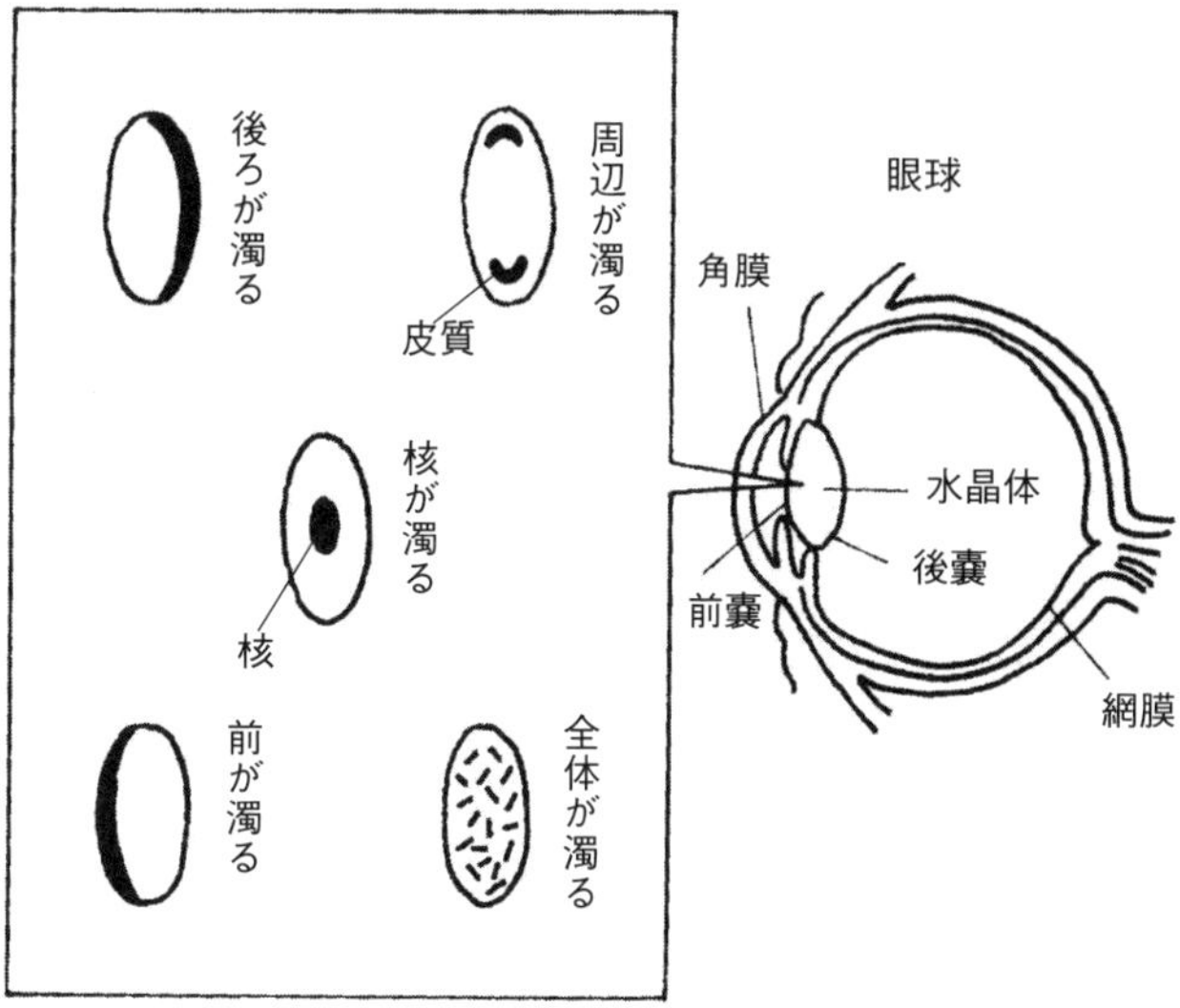

いうちは透明ですが、年齢とともに徐々に変性し、濁ってきます。この水晶体の濁りが白内障で、光が目の奥に入っていくのを邪魔するため、カメラのレンズが汚れていてはきれいな写真が撮れないのと同様に、見にくさの原因になります。

■症　状

目のかすみ、ぼやけ、まぶしさ、疲れ目、近眼、老眼などが起こります。濁った部分によって、光が水晶体を通過して目の奥に届くのが妨げられるため、かすみなどの視力低下を感じることがあります。また、中央部分が主に濁っているタイプでは、明るいところで黒目が小さくなる（縮瞳《しゅくどう》する）と見づらく、薄暗いところで黒目が大きくなる（散瞳《さんどう》する）と逆に見やすいといった現象が起こることもあります。一般に水晶体は年齢とともに濁りが強くなり、厚みが増して凸レンズの度が強くなり、より硬くなることから、近視や老眼が白内障と同時に進むことも少なくありません。ただし、これらのような症状があるからといって、必ずしも白内障とは限りません。同じような症状が網膜剥離などの、放っておくとやや急激に悪くなる病気の初期症状であることもあるため、ほかに異常がないかどうか、まずは受診することをお勧めします。

■目薬による治療

一般的な白内障すなわち老人性白内障は、一種の老化現象ということができ、老化を防ぐ薬がないのと同様に白内障を目薬で完全に防ぐことはできません。現在ある白内障の目薬はどれも、若干進行を遅くする場合はあっても進行を完全に止めるものではなく、もちろん一度進んでしまった白内障を治す効果もありません。したがって白内障を根本的に治すには、手術治療しかありません。

■手術による治療

白内障は、数カ月、数年といった時間をかけて徐々に進行するもので、一般には白内障の診断を受けたからといって、すぐに手術を受けなくてはいけないということはありません。ただし、あまり進行してしまうと、後述のように痛みがなく、短時間で済み、日帰りが可能な手術ができなくなる場合があります。また、白内障が進むと水晶体の厚みが増し、そのせいで急性緑内障発作（別項）を起こしたり、その危険性が高くなる場合があります。そういった点からも、むやみに手術を先延ばしたりせずに、適切な時期に手術を受ける必要があります。

一般的な経過としては、前述のような異常（初期症状）を感じたら早めに眼科を受診し、検査・診察を経てほかの異常がないか確認して白内障の診断を受けます。そこで、白内障の進み具合を見たり、ほかの異常が起きてこないか見るために定期的な受診を開始し、必要に応じて目薬を用います。そして前述のように、目薬をしていても徐々に白内障は進行するため、時期を見て手術に踏み切ることになります。手術の時期は、患者の職業や見え方に対する要求などによって異なり、個人差が大きくありますが、一般的には自動車運転免許の更新に必要な矯正視力0・7を割ってきたら、そろそろ手術を考えるということが多いようです。白内障は特殊な場合を除けば、何が何でも今すぐ手術といった状況は少なく、手術に適した時期を医師が伝え、患者本人がその必要を感じて、手術の決心がついたときが手術をするとき、ということになります。また、手術前後の通院・入院に際しては家族の協力も必要なため、家族の理解・同意も欠かせません。

●白内障手術

Q 白内障の手術は最近ではかなり進歩したと聞いていますが、手術時間や痛みの有無、入院の必要性などについてお聞かせください。

A 手術時間は一般に10分前後、痛みはほとんどなく、必ずしも入院は必要ありません。

■手術時間は10分程度

現在の一般的な白内障手術（超音波乳化吸引術《ちょうおんぱにゅうかきゅういんじゅつ》：後述）では、手術時間は10分前後と短時間で、痛みはほとんどありません。3ミリメートル以下の小さな切れ目から手術をすることも可能になったため、以前主流であった大きな切れ目から行う手術方式に比べ、合併症（手術に伴う危険性）も少なく、手術後の視力回復も早くなり、格段に身近な手術になりました。また、施設によっては入院せずに、日帰りで手術を受けることができるようになってきています。しかし、白内障が非常に進行している方や、以前目にケガなどをしたことがあり、目に損傷のある人など、場合によっては以前と同じように、大きな切れ目から行う方式の手術（囊内摘出術ないし囊外摘出術：後述）を行わなくてはいけない場合があります。この場合は原則として入院が必要で、手術時間も45分前後かかることになります。

■手術方法

現在、主流となっている白内障手術は超音波乳化吸引術というものです。以下に私たちの施設で行っている手術方法について解説します。まず、角膜ないし角膜と強膜（白目）の境目に約2・4ミリメートルの切れ目を入れ、水晶体全体を取り囲んでいる透明な膜（水晶体囊《すいしょうたいのう》）の前側を丸く切り取って窓をつくります。この窓を通して超音波発振器を使い、水晶体の中身（水晶体皮質＋核）を超音波で砕きながら吸い出すと、透明な膜が袋状に残ります。水晶体の濁った中身を取ったことで光が目の奥によく入るようになり、ものが明るく見えるようになりますが、このままではもともと目が持っていた凸レンズがなくなったことになり、レンズのないカメラではピンぼけ写真しか撮れないのと同様に、ものがはっきり見えません。そのため、この残った袋を入れ物として利用する形で、その中に人工の凸レンズ（眼内レンズ）を入れます。眼の中を専用の水できれいに洗って、最後に傷を閉じて終了しますが、傷が小さいため、縫う必要がないことも多いようです。この方法は傷が小さいため、乱視をつくりにくいこと、

著者の行っている白内障手術

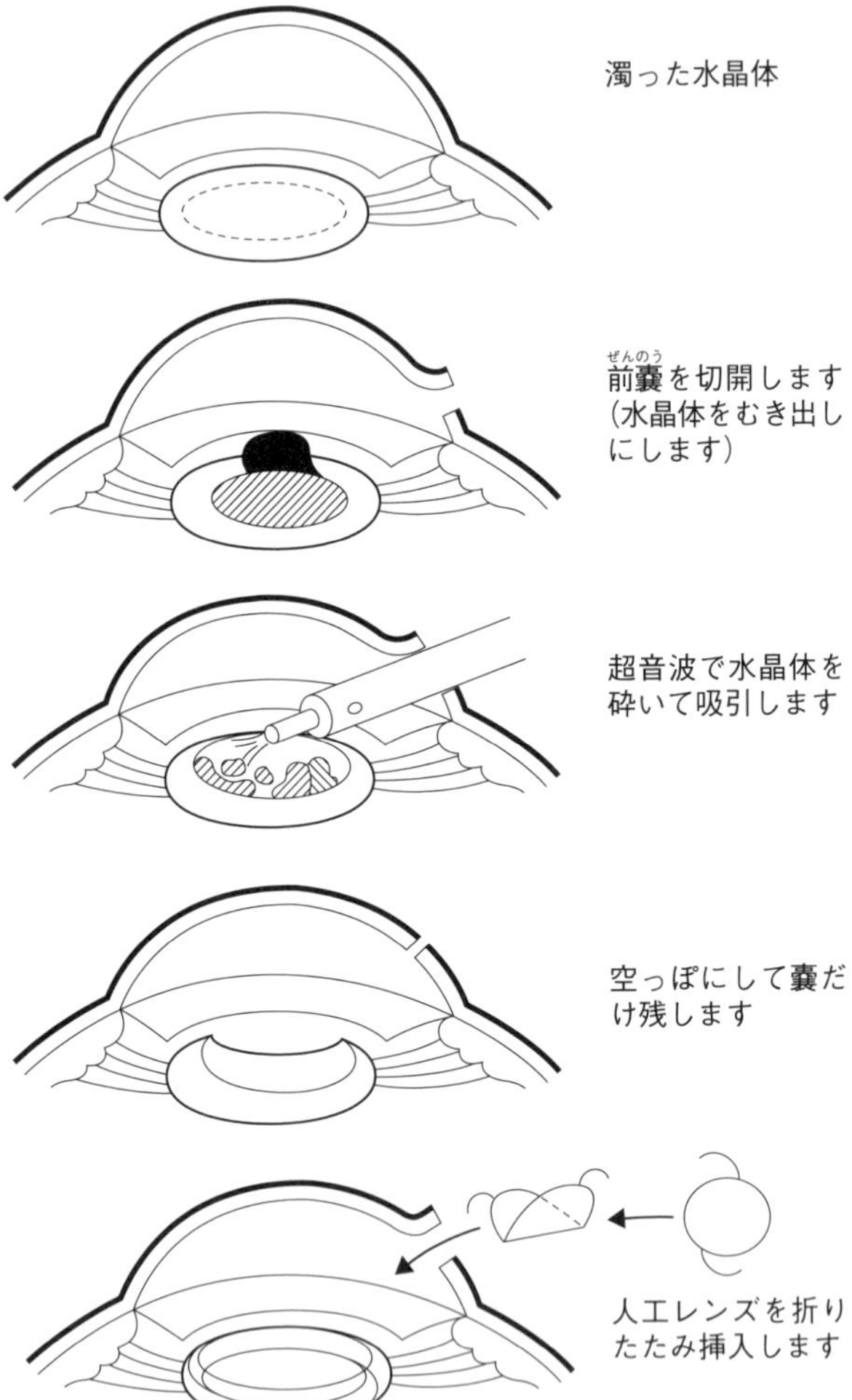
濁った水晶体
前嚢《ぜんのう》を切開します
(水晶体をむき出し
にします)
超音波で水晶体を
砕いて吸引します
空っぽにして嚢だ
け残します
人工レンズを折り
たたみ挿入します

術後短時間でよい視力が得られること、出血がほとんどないこと、合併症が少ないことなどが特徴として挙げられます。

そのほかに嚢内《のうない》・嚢外摘出術《のうがいてきしゅつじゅつ》というものがあります。水晶体を砕かずに丸ごと取り出す手術で、水晶体嚢を残すのが嚢外、嚢ごと取り出すのが嚢内摘出術です。したがって水晶体と同じぐらいの大きさの切れ目が必要で、手術時間も若干長く、手術後に乱視を生じたり、視力回復に時間がかかることもあります。現在では超音波乳化吸引術ができないような場合にのみ、この方法を用います。

■再発の可能性は

通常は再発の可能性はありません。ただし、超音波乳化吸引術または嚢外摘出術の場合、残した水晶体嚢が濁ってくる場合があり、手術後、約半年〜一年以降に起こってくることが多く、後発白内障と呼ばれます。症状としてはかすみ、まぶしさ、視力低下など白内障に似ていますが、再手術などは必要なく、レーザーを使って濁っている嚢を飛ばしてやれば元通り視力が回復します。外来で5分前後ですむ処置で、痛みはなく、もちろん入院も必要ありません。一度濁りをとれば、その後再び濁ることはありません。

白内障手術は屈折矯正手術のひとつ　Break Time

白内障手術で用いる眼内レンズは、メガネやコンタクトレンズのように、様々な度数のものが用意されています。その人の目のサイズや角膜のカーブなどから、適切な度数のレンズを選びます。そして今では、近視や遠視だけでなく、乱視や老眼もレンズにより矯正することができるようになりました。つまり、白内障手術は眼内レンズの進歩により、レーシックと同様、近視や乱視が矯正できる「屈折矯正手術」と言ってよいものになりました。これが実現できるようになったのは、白内障手術や検査技術のめざましい進歩にも負うところがあります。超音波技術により、小さな傷口から高精度の手術ができるようになり、また目のサイズや形を正確に測定できるようになったからこそ、ほぼ狙い通りにその人の望む見え方を実現できるようになったのです。

例えば、若い頃からとても近視・乱視が強く、コンタクトレンズや分厚いメガネを使用していた方が、白内障になったことをきっかけに手術を受け、近視や乱視、そして老眼まで矯正して、弱い度数のメガネでよくなったり、メガネなしでも快適に日常生活を送ることができるようになります。そして、一度手術を行えば、よほどの目の病気にならない限り、その後は一生、その状態を維持することができます。これは夢のようなことではありますが、本当の話なのです。昔は視界が明るくなるだけの手術であった白内障手術は、今では明るく、しかもメガネなしでよく見える手術に進化したのです。近視や遠視、乱視が強かった患者さんの術後の喜びはとても大きなものであり、その声を聞くことは、我々眼科医にとって無常の喜びでもあります。

●加齢黄斑変性

Q

以前より両目がかすむのに気がついていましたが、白内障と思い、そのまま放置していました。2カ月ほど前から、障子が少しゆがんで見えるようになりましたが、白内障が進行したと思い、あまり気にしていませんでした。昨日、急に中心が暗くなって見えにくくなったので大変心配です。どうしたらよいでしょうか。

A

もともと白内障による見えにくさもありそうですが、おそらく、今回は加齢黄《かれいおう》斑変性《はんへんせい》という網膜の病気が発症したものと思われます。早急に眼科を受診して、精密検査を受けてください。

■加齢黄斑変性とは

通常、50歳以上の高齢者に起こります。近年増加しており、欧米では高齢者の視力低下第一位の病気になっています。最近、日本でも増加しており問題となっています。原因は不明です

滲出型の黄斑変性が起こる様子

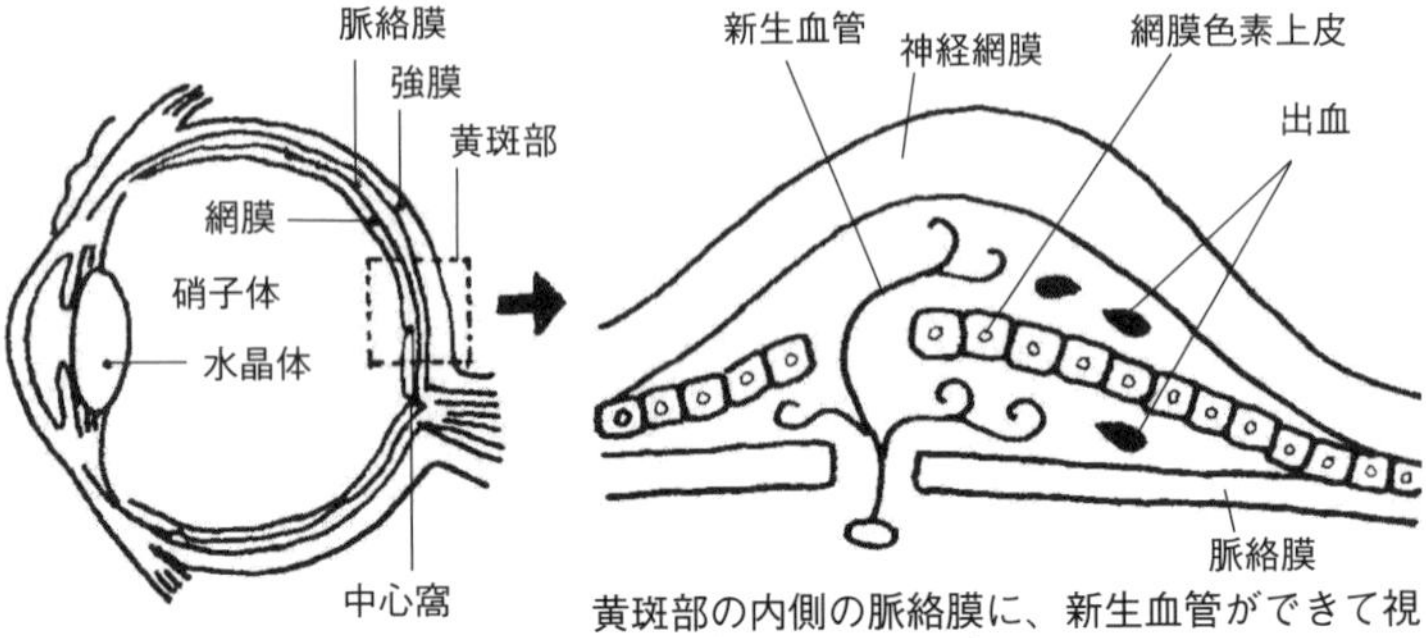

黄斑部の内側の脈絡膜に、新生血管ができて視細胞を侵していきます

が、老化に関係していると言われています。ひどくなると、中心は見えなくなり、視力は0・1以下になることも珍しくありません。幸いなことに、中心以外の周りは悪くなることはほとんどないため、まったく見えなくなることはまずありません。

これは、視力に一番大切な網膜の中心が悪くなる病気で、網膜が徐々に悪くなる萎縮型《いしゅくがた》と網膜の下に悪い血管（新生血管）ができる滲出型《しんしゅつがた》に分けられます。萎縮型は10年以上かけて、ゆっくり悪くなることがほとんどです。しかし、滲出型では、最初、新生血管から水が漏れ網膜の下に水が溜まり、ゆがんで見える程度のことから始まるのですが、突然、新生血管から出血して急激に視力が悪くなることもあります。

■治療法はあるか

萎縮型では治療法がありません。

滲出型には、レーザーで新生血管を凝固するレーザー治療、光感受性物質を静脈注射して、それが新生血管に集まったときに弱いレーザーを当てて新生血管のみを凝固する光線力学療法、ＶＥＧＦ（Vascular endothelial growth factor：血管内皮細胞増殖因子）を阻害する薬剤を硝子体内に注射して新生血管を退縮させる抗ＶＥＧＦ硝子体注射があります。

これまでの研究で、抗ＶＥＧＦ硝子体注射が最も視力を改善ならびに維持できることが分かったため、現在第一選択の治療となっています。しかし、注入された抗ＶＥＧＦ剤が消費されると新生血管が再発することが多いため、ほとんどの患者さんでは一から数カ月で繰り返し注射をする必要があります。抗Ｖ

眼科受診のポイント　Break Time

●眼科にかかるときのポイントは？

○使っているメガネ、コンタクトレンズは持っていきましょう。

○症状について簡潔にまとめておきましょう。

どんな症状があるか・いつから・どのように・どんなときに　など

○眼科以外の病気（糖尿病・高血圧・高脂血症・アレルギー）や飲んでいる薬も説明できるようにしておきましょう。診断の手助けになることがあります。

○車での受診は止めましょう。

症状によっては目の奥（眼底検査）の検査のために瞳（瞳孔）を開く目薬を点すこともあります。そうすると5～6時間、瞳が開くので、光をまぶしく感じたり、ピントが合いづらくなることがあります。事故の恐れもありますので、車での受診は避けましょう。

ＥＧＦ硝子体注射単独で効果が弱い時には、光線力学療法を併用することもあります。

網膜は出血で障害されやすく、いったん障害されるとほぼ回復しないため、早期に発見して治療を始め、さらに継続的に治療をすることが良い視機能を残すために重要です。

●眼瞼下垂

Q 年とともにまぶたが下がってきて、最近では指でまぶたを持ち上げないととても見えにくいのですが、治すことはできますか。

A 多くの場合は手術で治すことができますが、まぶた以外に原因があることも考えられますので、まずは眼科にかかり、どのような治療がよいか相談してください。

■眼瞼下垂《がんけんかすい》とは

これは「眼瞼下垂」といって、目を開くためのまぶたを持ち上げる筋肉（眼瞼挙筋《がんけんきょきん》）が、働きにくくなり、まぶたが下がっている状態です。多くは加齢により、この筋肉の付着部が緩むために起こります。まぶたを持ち上げるゴムひもが緩んだ状態をイメージしてください。加齢のほかに、白内障などの目の手術後や、コンタクトレンズを長く使っていた後などでも起こります。

まぶたが垂れ下がってくる

■治　療

手術は緩んだ筋肉を縫い縮めたり、緩んだ付着部を元の位置に縫い直したりすることで、まぶたを持ち上げやすくするものです。まぶたの表面から手術する方法と、まぶたの裏から手術する方法もあります。まぶたの裏からの手術は短時間で行えます。手術後は「視野が広がり明るくなった」、「顎《あご》を上げずに物を見ることができるようになった」など、物を見るのに努力がいらなくなったことを喜ぶ人が多いようです。皮膚がたるんでいる場合もあるので、余分な皮膚を切除し縫い縮める手術もあります。

■原因の検索が重要

眼球そのものに問題がなくても、まぶたが下がっていて物が見えにくいこともありますし、眼底出血などのために上の方が見えにくい状態の場合には、眼瞼下垂の手術を受け、まぶたを持ち上げても、見えにくさが解決されるとは限りません。また、眼瞼挙筋が働きにくくなっている原因が、神経の麻痺や筋肉そのものの特殊な病気であったり、目を閉じる筋肉の痙攣であったりすることもありますので、まずは眼科の総合的な診察を受け、相談してみるとよいでしょう。

●涙　目

Q **いつも涙目で、ハンカチで拭いてばかりいます。何かよい治療法はありますか。**

A **目薬で治るものから、手術で治るものまでいろいろあります。原因によって様々な治療法がありますので、「年のせい」とあきらめず、眼科医に相談してください。**

■涙目《なみだめ》の原因

人の涙はまばたきのたびに、涙腺という場所からしぼり出されては目頭にある小さな点（涙点）から吸い取られて、鼻からのどへ排出されるということを繰り返しています。水道の蛇口から出る水と、排水口から排出される水をイメージしてください。

ここで、「涙目」の原因を考える場合、大きく二つに分けられます。一つは、結膜炎や逆さまつげなど目の表面に何らかの刺激があるために出てくる涙の量が増えている場合で、蛇口がいっぱいに開かれたイメージです。もう一つは、涙が吸い取られる道に何らかの異常がある場合で、排水口が狭かったり、完全に詰まったり、または吸いとるポンプの力が弱かったりするイメージです。

■涙目の治療

結膜炎や逆さまつげなどにより、出てくる涙の量が増えている場合の涙目は、これらに対する目薬や時には手術による治療を行います。

一方、吸い取られる道の異常と思われる場合には、その程度と場所によって治療は異なります。たとえば、道の途中が狭くなっている場合（鼻涙管狭窄《びるいかんきょうさく》など）あるいは、軽度の閉塞の場合は、涙道内視鏡を用いた涙道チューブ挿入術を行い、詰まっている部分を開通させ、チューブを留置することにより涙道を再建します。それでも再度狭くなってしまう場合や、完全に詰まっている場合（鼻涙管閉塞《びるいかんへいそく》など）は、涙嚢《るいのう》鼻《び》腔吻合術《こうふんごうじゅつ》という新しい通り道をつくる手術を考えます。

また、「ある日突然涙があふれるようになった」というような場合は、顔面神経《がんめんしんけい》麻《ま》痺《ひ》の急性期なども考えられ、これは対処が早ければ点滴治療《てんてきちりょう》でかなり改善の見込みがありますので、早めに受診しましょう。このほかにも「涙目」の原因は加齢、点眼薬や抗がん剤の副作用、涙道ポリープや眼傷、感染や顔面骨折、先天性の涙道閉塞など様々ですが、「年のせい」とあきらめず、まずは眼科での原因調べから始めてください。

母への白内障手術　Break Time

随分前になりますが、母に白内障手術を行いました。母はもともと目はよく、遠視と老眼のメガネをかけていました。ファッション性も少し加わったメガネでしたが、ほぼ常用していました。80歳になった時、それほど白内障が進んでいたわけではありませんでしたが、当時、幼稚園園長として現役で働いており、車で40分くらいの通勤をしていましたので、先を考えて手術を薦めました。そしてせっかくなので、その時使い始めていた多焦点眼内レンズ（この時は2焦点）で手術を行いました。母の性格はおおらかで、あまり細かいことは気にしないので、多焦点眼内レンズはマッチするかなと思ったからです。母の手術となると緊張するかと思いましたが、母も私もあまり緊張なく手術を終えました。そして、遠方も1.2、近方も1.0ととてもいい結果となりました。当然母は結果を喜び、運転も読書もメガネなしで行うことができるようになりました。ところが、結局素通しのファッションメガネをしていました（笑）。いずれにせよ、日常生活は快適のようでした。「いいレンズを入れたからね」と話すと、「へー、私の目にはレンズが入っているの？」と答えました。こういう人が、多焦点眼内レンズのいい適応なんだなとあらためて思いました。母は90歳を過ぎても、目はよく見えているようで、訪ねると遠くまでいつも、見送ってくれています。

●逆さまつげ

Q 逆さまつげがしょっちゅう生えて、抜かなければなりません。何か根本的に治すよい方法がありますか。

A この逆さまつげのために「ゴロゴロする」、「痛い」という症状が強かったり、角膜障害《かくまくしょうがい》（黒目のキズ）があったりするときは、積極的な治療の対象となります。手術によりかなり楽に過ごせるようになります。

■内反症《ないはんしょう》

逆さまつげの中には、まつげの生えている方向は一定でもまぶた全体が内側へ湾曲しているために、眼球表面にまつげが当たる「内反症」と、まつげの生えている方向がまちまちで内側へ向かって生えているまつげが眼球表面に当たる「睫毛乱生《しょうもうらんせい》」とがあります。これら二つが合併することも少なくありません。まぶた全体が内側へ湾曲している「内反症」の場合、まつげを抜いてしまうと、次に生えてくるまつげが短いうちから眼球表面に当たってしまい、数日おきに抜かなければならなくなります。この場合は、手術でまぶた全体を少し外側へ向けてやると楽に過ごせるようになります。

■睫毛乱生

まつげが生えている方向がまちまちである「睫毛乱生」の場合は、まず内側へ向いているまつげだけを抜く方法を選びますが、しばらくするとまた生えてきます。次の逆さまつげが生えてこないようにする方法として、レーザーや電気による熱凝固で毛根の細胞を焼く方法がありますが、熱が周囲へも伝わり、よい方向で生えていたまつげの方向を変えてしまう可能性もあります。手術は逆さまつげの生え方や場所、皮膚のゆとり、年齢などにより、いろいろな方法が考えられます。もっとも、代表的なものは、先の内反症に対する手術と同じです。

赤ちゃんの目について　Break Time

●6カ月の赤ちゃんの逆さまつげがひどくて、目の中に入っているけれど大丈夫？

赤ちゃんはまぶたの脂肪が厚いため、逆さまつげになりやすいのです。赤ちゃんのまつげは非常にやわらかいので、黒目を傷つけるようなことはありません。成長すると、まぶたの脂肪も取れてゆきます。そうするとまつげが自然に外側に向くようになり、逆さまつげは治ってゆきます。しかし、目をこする、まぶしがる、まばたきが多いなどの症状があると黒目に傷がついているかもしれませんので、眼科で診てもらいましょう。

傷がひどくて視力の発達に支障が出るような場合や、8歳ぐらいまで待っても治らない場合はまぶたを外側に向かせるような処置が必要になることもあります。

III

●屈折異常

1 屈折異常

●近視・遠視

Q 近視は近くが見えて、遠視は遠くが見えるのですか。

A 近視は近くが見やすくて遠くが見えにくい状態ですが、遠視は遠くも近くもピントが合わない状態です。遠くがよく見えるというのは誤解です。

■目の仕組み

目は焦点を合わせることにより像をとらえるビデオカメラにたとえられます。角膜、水晶体の二枚のレンズにより光を集め、網膜というフィルムに像を結ばせ、その像を視神経というコードで脳に送り、物を〝認識〟しています。網膜にしっかりとピントが合えば、物はくっきり見えるのですが、これが手前でピントを結んでしまうとぼやけた像が網膜に映ることになります。この状態を近視と言います。

■近視・遠視はどのようにして起こるのか

近視には眼軸長《がんじくちょう》（角膜から網膜までの長さ）が正常より長すぎるために起こる軸性近視《じくせいきんし》と、角膜・水晶体の光を曲げる力（屈折力《くっせつりょく》）が強すぎるために起こる屈折性近視《くっせつせいきんし》に分けられますが、大部分の近視が軸性近視です。逆に眼軸長が短かったり、角膜・水晶体の屈折力が弱いために、ピントが網膜より奥に合ってしまい、ぼやけて見える状態が遠視です。近くを見る場合にはより光を曲げてピントを合わせなければなりませんが、近視の場合はもともと屈折力が強

■正視

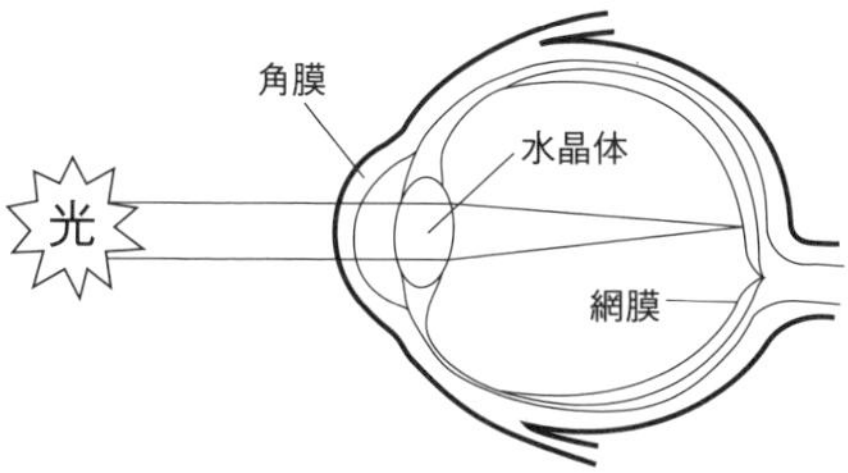

正視（近視も遠視もない）の眼球では、角膜から光を取り入れ、角膜と水晶体で屈折が行われ網膜で焦点が合うようになっています

■近視

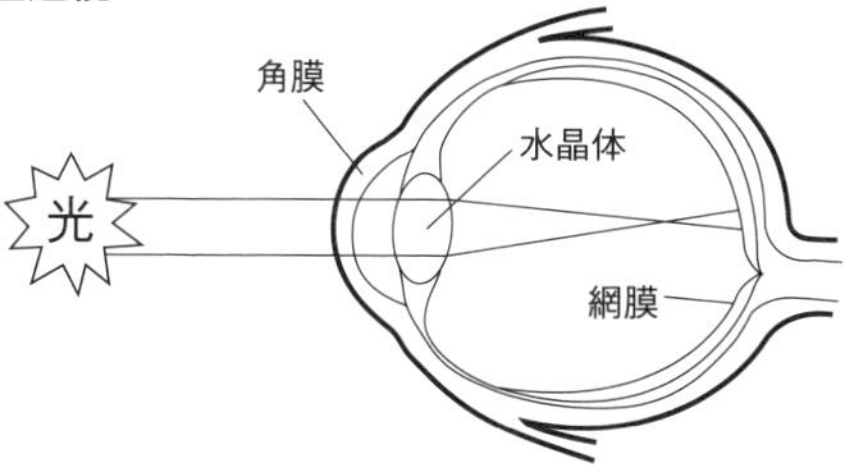

近視の場合は、角膜のカーブが強すぎるか、眼球そのものが通常より奥行きがあり、 光の焦点が網膜より前方で合うために、ぼやけて見えます

■遠視

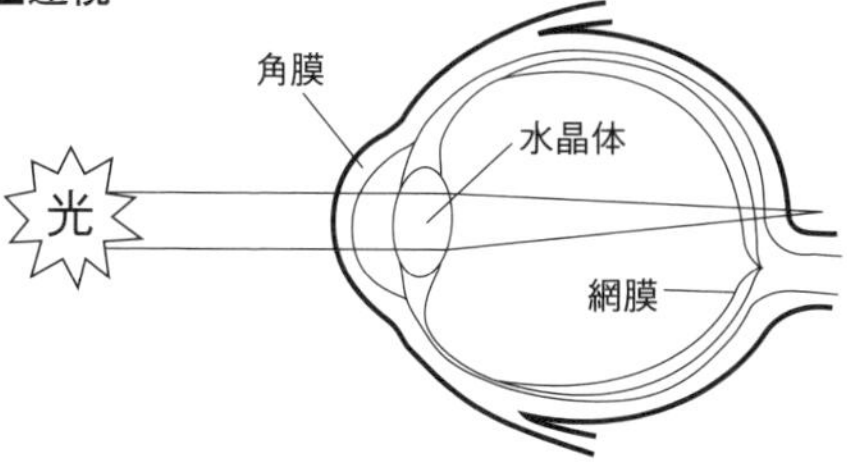

遠視の場合は、角膜のカーブが弱すぎるか、眼球そのものが通常より奥行きが短いために、光の焦点が網膜の後方で合ってしまい、ぼやけて見えます。また、近くが見えにくいので疲れやすくなります

かったり、手前でピントが合っているため、近くを見るには適しています。これに対し、遠視の場合は、より強く光を曲げなければなりませんので、近くはとても見づらく、遠くもピントが合いづらいという不便な状態です。

■なぜ近視になってしまうのか

乳幼児の場合は遠視であることが多く、成長とともに眼球も大きくなり、ちょうどよい屈折状態に落ち着くわけですが、遺伝的な要因や環境要因によりさらに眼球の形が大きく伸びてしまい、近視になってしまうと言われます。通常は小学生または中学生くらいから始まり、成人ごろに進行は止まりますが、まれにさらに進行し、網膜剥離や黄斑部に出血するなどの網膜異常をきたしてメガネをかけても視力が出ない状態になる病的近視もあります。

近視にまつわるウソ・ホント　Break Time

●暗い所で、本を読むと近視になるってホント？

照明は目にとって、とても大切です。勉強や読書を快適に行うには、適度な明るさが必要になります。暗いところでの読書は疲れ目の原因となり、それが蓄積すると調節緊張などによる近視の原因となりえます。しかし、一般に近視は遺伝的な素因が大きいため、いくら悪い条件で目を使っても近視にならない人もいる半面、注意していても近視になってしまう人もいます。いずれにしても生活習慣により近視化する傾向はありますので、近視の素因のある方は照明には注意した方がよいでしょう（142ページ参照）。

近視にまつわるウソ・ホント　Break Time

●寝ている間にコンタクトを入れて近視を治す方法があるってホント？

オルソケラトロジー治療のことですね。裏側が特殊なデザインのハードコンタクトレンズ（オルソケラトロジーレンズ）を毎晩、寝る前に装用します。朝起きてオルソケラトロジーレンズをはずした後も、しばらく角膜の形が矯正されています。近視を矯正した形に角膜が「くせづけ」された状態になるので、レンズをはずしても角膜の形が元の状態に戻るまでのある一定時間、視力が回復します。毎日続けることで、少しずつ効果の続く時間を長くしてゆき、装用開始から2週間くらいで起きている間はよい視力が保てるようになります。手術ではないので、オルソケラトロジーレンズの装用を止めれば角膜の変形は治り、装用前の近視の状態に戻ります。したがって、よい視力を維持するには毎日、装用する必要があります。

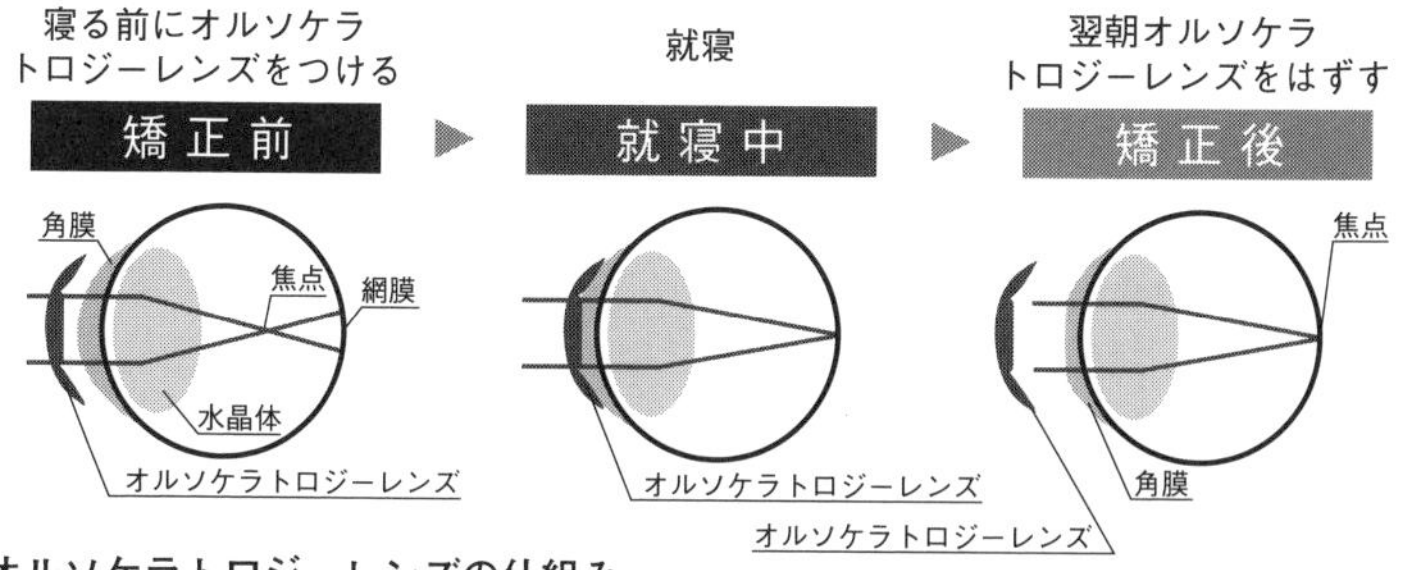

オルソケラトロジーレンズの仕組み
寝る前にオルソケラトロジーレンズを装用し角膜の形状（カーブ）をゆっくりと変化させ、焦点を網膜上で合わせることによって近視・乱視を矯正します
厚生労働省2009年認可

近視にまつわるウソ・ホント　Break Time

●視力をよくするトレーニング器具が通販などで売られているけれど、効果あるの？

トレーニング器具には小さな穴の空いたメガネのようなものから、眼科医院でも使っている数十万円の機械までいろいろあります。

一部の器具には、近くを見過ぎて元に戻らなくなった調節力を元に戻す効果のあるものもあります。代表的なものが眼科医院で仮性近視の治療に使っている機械です。これは仮性近視にはある程度有効ですが、老眼には効果がありません。

他の器具は、焦点を合わせる力をトレーニングで鍛え、視力を回復すると謳っています。これらの多くは、近視にも老眼にも効くと説明していますが、仮性近視と老眼は言わば正反対の状態ですから、両方に効くとは考えられません。

仮性近視に関しては、焦点を遠くに合わせる力が人間の眼にはないので、鍛えることはできません。効果があるとしたら、調節力をリラックスさせる作用ぐらいでしょう。

老眼については、衰えつつある調節力をトレーニングによって強化することで、一時的に視力が回復する可能性はあると思われます。しかし、トレーニングによって調節力を使いすぎて、かえって症状が悪化する危険性もあり、よいとも悪いとも言えないと思います。

●とても近視が強いのですが、どんどん近視が進んでいくと失明するってホント？

近視以外の病気にならなければ失明してしまうことはめったにありません。しかし、高度近視の人はいわゆる“目のいい”と言われる正視の人と比べると網膜剥離や緑内障のリスクが高いと言われています。また、最近では強度な近視により黄斑部に障害を起こして失明してしまう病的近視も取りざたされています。何か異常があるときはすぐに眼科を受診するようにしましょう。

●乱　視

Q9 最近ものがダブって見えるのですが、乱視ですか。

A 乱視は、方向によって光を曲げる力が違うため、網膜上にきれいな像が結ばないことにより起こる屈折異常ですが、近視、遠視でも物がダブって見えることもあるため、乱視とは限りません。

■乱視とはどういう状態

乱視とは目に入ってくる光が目の方向（経線《けいせん》）によって屈折する力が違うため、網膜上の一点に像が結ばない状態を言います。物がダブって見える場合に「私は乱視が強い」と言われる人が多いですが、実際のところ乱視はあまり強くなく、単なる近視であることがよくあります。乱視の場合でも二重になるのではなく、ぼやけて見えたりしますので、見え方だけではその原因が何なのかは判別できないというわけです。

■なぜ乱視が起こるのか

乱視はほとんどが角膜と水晶体が原因で起こりますが、若い人の場合は主に角膜の形状の異常で起こります。角膜の形状がきれいなドーム型ではなく、ラグビーボールのようにひずんでいる場合に乱視が生じ、光が強く屈折する部分と弱い部分があるため、結果的に網膜にはぼやけた像が映し出されます。

■乱視はどのように矯正《きょうせい》するのか

軽度の乱視の矯正はメガネでも可能ですが、強度の場合や、凹凸による不正な乱視の場合はメガネでは矯正が難しく、ハードコンタクトレンズでの矯正が必要になることがあります。また、レーザーによる屈折矯正手術でもかなり強い乱視まで矯正が可能で、現在の次世代型のレーザーにより不正な乱視も矯正可能となりました。

■乱視

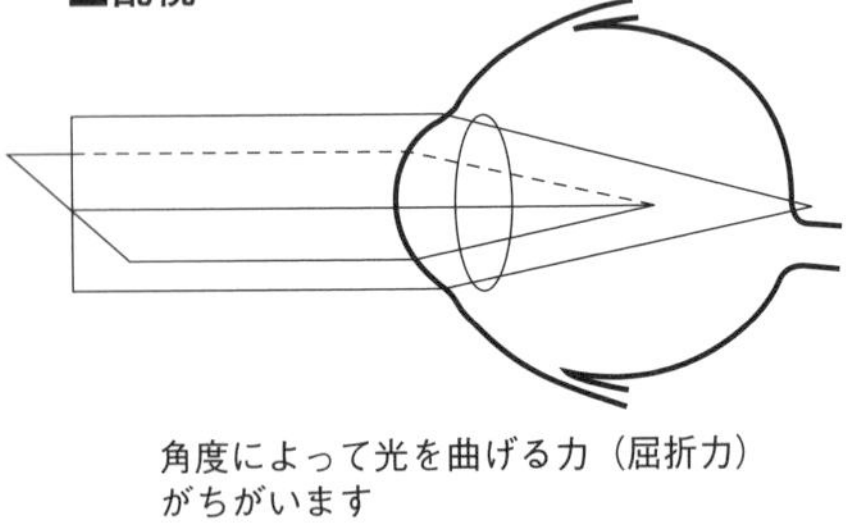

角度によって光を曲げる力（屈折力）がちがいます

角膜がラグビーボールのようにだ円になっています

近視にまつわるウソ・ホント Break Time

●カラーコンタクトレンズは目に悪いってホント？

カラーコンタクトレンズはあくまでもファッション用です。性能の高いソフトコンタクトレンズではないので、毎日使ったり、長時間使ったりすると目に負担が生じます。あまり目によくありませんので、外出時の短い時間だけにした方がよいと思います。

最近1日タイプや2週間タイプの使い捨てコンタクトレンズが発売されました。従来のものに比べ、酸素透過性は高くなったのですが、色がついている分、普通の2週間タイプの使い捨てコンタクトレンズよりも、目に対する負担は大きくなります。

●使い捨てコンタクトレンズはホントに安全なの？

正しい使い方をすれば、非常に便利で安全だと思います。しかし、使い捨てのはずなのに使用期限を過ぎても使い続けたり、どうせすぐ捨てるのだからといってケアを怠る人が多いようです。このような場合、目の障害を引き起こすことがありますが、かなりひどい状態になってから眼科を受診される方が後を絶ちません。使用期限を守ることと、調子がよくても定期検査を受けられることがなによりも大切です。

●老視

Q9 老眼は遠視とは違うのですか。

A 手元にピントを合わせる調節機能が年齢とともに衰えた状態が老眼（老視《ろうし》）であり、一種の老化現象です。遠視はピントが遠くにも近くにも合わない屈折異《くっせつい》常《じょう》ですから、全く違った状態です。

■調節とは

目は焦点を合わせることにより像をとらえるビデオカメラにたとえられます。角膜、水晶体の二枚のレンズにより光を集め、網膜というフィルムに像を結ばせ、その像を視神経というコードで脳に送り、物を〝認識〟しています。水晶体というレンズはカメラでいうオートフォーカスの機能をしており、毛様体という筋肉でその厚みを変えることにより、遠くから近くまでピントが合うように、いわゆる〝調節〟をしています。

■老眼は調節機能が衰えた老化現象

加齢に伴い水晶体の弾性が低下して、この調節力が減退し、近方視が困難になった状態が〝老眼（老視）〟で、一種の老化現象です。一方、遠視は角膜などのカーブが弱かったり、眼軸《がんじく》といって角膜から網膜までの距離が短いため、網膜上に焦点を結ばない状態で、子どもにも多く、老眼とは異なった屈折異常です。調節力は10歳を超えたころから、すでに減退し始め、43歳前後で手元が見にくいと自覚し始めます。そして、60歳を過ぎたころには調節力はほぼなくなります。

■近視の人は老眼にならないのか

近視の場合はもともとかなり近い距離まで見える（近点が短い）ため、老眼が出ても近くを見ることができ、老眼を自覚せずにすむことがあります。このため、近視は老眼にならないと言われるのですが、メガネなどで遠くにピントを合わせれば当然、近くは見えにくくなります。そのため、遠近両用メガネが必要になるのです。

■老眼はどのようにして始まるか

老眼の初期症状としては「夕刻になると目がショボショボ、ゴロゴロする」、「午後以降に軽

年齢と調節力

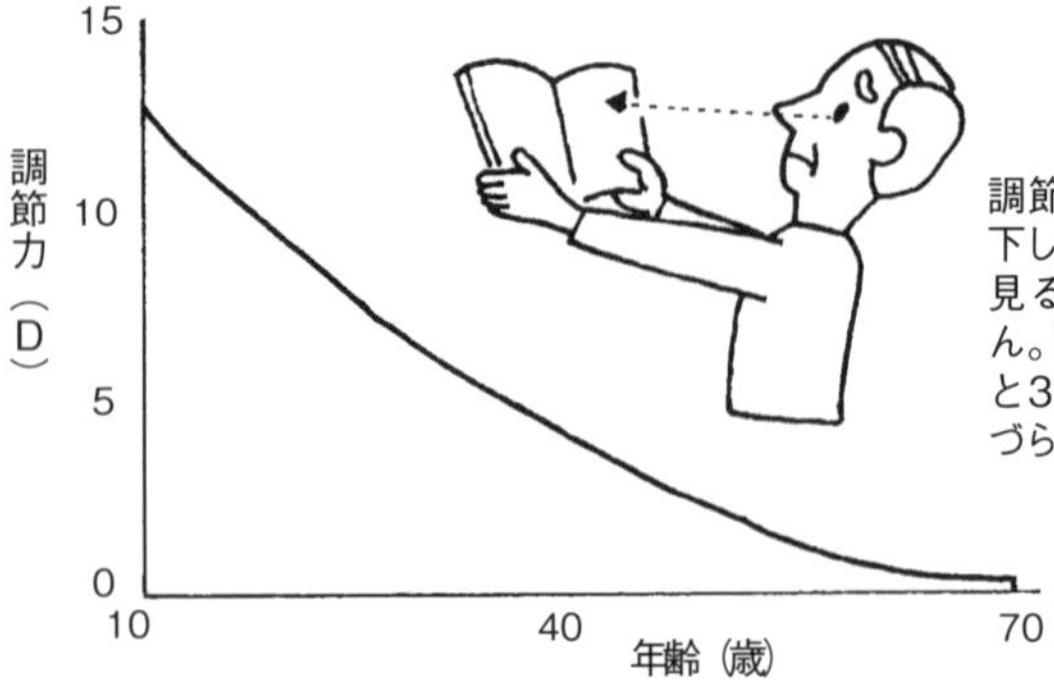

調節力は年齢とともに低下します。3Dあれば近くを見るのにも不自由しません。しかし、45歳を過ぎると3D以下になり近くが見づらくなります

度の頭痛や肩こり、目の奥の痛みや項部痛がある」、「薄暗い場所で手元が見にくい、離して見る必要が出てきた」などがあります。これらを自覚したら、一度眼科を受診して近見視力（手元の視力）を測定し、必要なら弱い老眼鏡を作成するとよいでしょう。無理をしてメガネなしで過ごすことは、眼精《がんせい》疲労《ひろう》の原因になるだけで、目にとってよいことはありません。

■老眼鏡にはどのようなものがあるか

老眼鏡には近用のみのレンズのほか、遠近両用メガネもあります。遠近両用には初期老眼に適している二重焦点レンズや、中期以降の老眼の場合に中間距離もカバーできる三重焦点レンズや、最近では累進屈折《るいしんくっせつ》力《りょく》レンズ（バリラックス）も多く用いられます。累進屈折力レンズのメリットとしては徐々に加入度が強くなるため、全領域で焦点が合う、継ぎ目がないので美

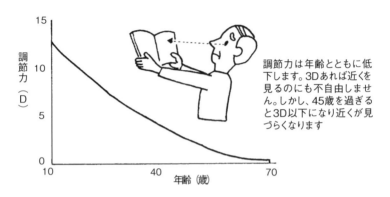

容上の利点などがありますが、手元のピントの合う領域が狭い、横を向いたとき歪みを感じる、遠視・正視の人は慣れにくいなどのデメリットもあります。眼科医や眼鏡士に相談し、その人に合ったレンズを選択するとよいでしょう。

■老眼対応のコンタクトや眼内レンズはあるのか

最近では遠近両用コンタクトレンズもよいものが開発され、50歳以上のコンタクトレンズ使用者の約10％が使用していると言われております。ただし、乱視は矯正できず、瞳の大きさが影響することもあって、どの距離も今ひとつすっきり見えない、ぼやける、などの不満が多いのも事実です。

最近の話題として、最も注目されているものの一つに「多焦点眼内レンズ」があります。このレンズを白内障手術の際、眼内に入れることにより、術後、メガネなしで遠くも近くも見ることが可能です。つまり一種の老眼矯正治療といえます（詳しくは２５４ページ参照）。

遠くを見るとき

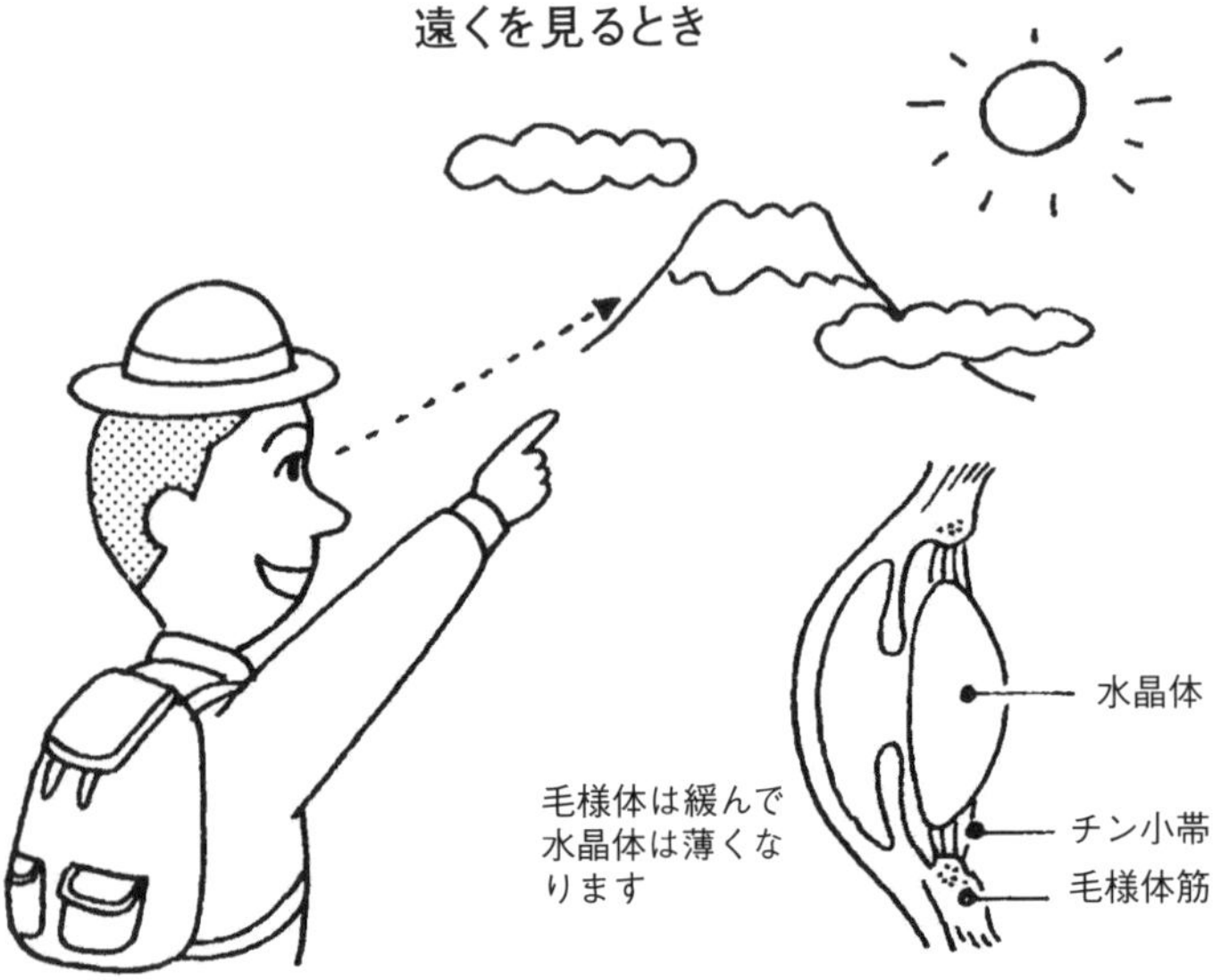

近くを見るとき

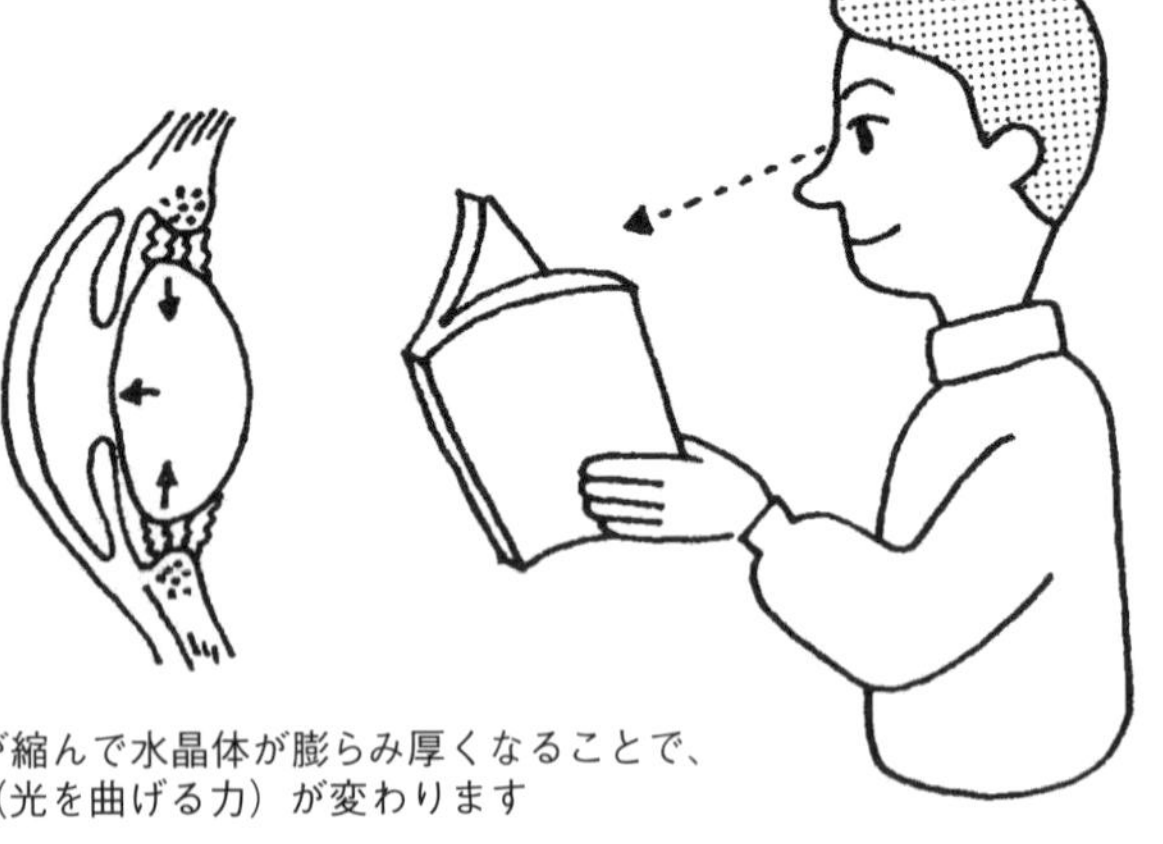

毛様体が縮んで水晶体が膨らみ厚くなることで、
屈折力（光を曲げる力）が変わります

●不同視

Q

子どものころから左右の視力に差があり、疲れます。どのように矯正したら最もよいのでしょうか。

A

左右の度数が大きく異なる「不同視《ふどうし》」が考えられます。左右の視力に大きな差がある場合には、メガネの作製に当たり十分に時間をかけて処方する必要があります。

■小児の場合

視力矯正法《しりょくきょうせいほう》にはメガネ、コンタクトレンズ、屈折矯正手術《くっせつきょうせいしゅじゅつ》、就寝時装用屈折矯正コンタクトレンズ（オルソケラトロジー）などがありますが、一般的に小児の屈折矯正を行うには、安全性、今後の成長、手入れの面を考慮すると、メガネがよいでしょう。

■成人の場合

大人の場合は左右の屈折力に大きな差があると、メガネによる矯正では一つの物を見ても左右眼で認識される大きさが異なってしまい（不等像）、一つの物と認識されず、違和感を覚える可能性があります。その場合はコンタクトレンズにより矯正を行います。また、適応があれば屈折矯正手術も選択肢として考えられてもよいかと思います。

■壮年の場合

長年、コンタクトレンズを使用されていた人が老眼年齢になり、いざメガネを作製しようとすると「不等像」が出現し、疲れないメガネができず、苦労することがあります。50代以降で調節力がかなり低下、つまり老眼が進行した場合、また、すでに初期の白内障が出現しているならば、不同視治療の一つの方法として、早めの白内障手術を考慮してみてはいかがでしょうか。白内障手術は術式の進歩により安全性が非常に高くなり、今では近視矯正の一方法として、老人だけではなく、若い年齢の方にも行うことがあります。

また、子どものころから左右の視力に差があり、疲れ目がひどい方は、現在の両眼視機能《りょうがんしきのう》の状態によって、生活環境との兼ね合いで対策を考える必要があります。まずは眼科を受診されることをお勧めします。

赤ちゃんの目について

Break Time

●お腹にいる赤ちゃんは目が見えるの？

生まれたばかりの赤ちゃんと身近に生活したことのある人ならご存知でしょうが、ほとんど目は見えていません。色もほとんど分かりませんが、白黒の区別はつき、お母さんと他の人の区別がつく程度にものの輪郭は見えているようです。しかも、子宮の中は真っ暗闇ではないものの、かなり深い海の底のような状態です。おそらく、ほとんどものが見える明るさではないと思いますが、昼と夜の明るさの違いぐらいは分かっているかもしれません。

実際、産婦人科の医師に聞いたところ、妊婦さんのお腹にライトを当てると、お腹の中の赤ちゃんが動くのが分かることがあるそうです。急に明るくなって驚いているのかもしれませんね。

●メガネ

Q9 メガネをすると近視が進むって、本当ですか。

A 近視の発症、進行の詳細なメカニズムについては、現在のところまだ解明はされておりません。しかし、近年の研究で、通常のメガネやコンタクトレンズより、オルソケラトロジーでの矯正の方が、近視進行抑制効果があるということが分かってきました。これは、近年広く支持されるようになった「軸外収差《じくがいしゅうさ》理論《りろん》」に基づきます（144ページ下図）。ただし、通常のメガネやコンタクトでもあまり近視が進行しないケースもあり、単一の機序では説明できない複雑な多因子が近視の進行には関与していると考えられます。

■どのような人が進行するのでしょうか

近視の原因には遺伝によるものと生活環境によるものがあります。生活環境による原因としては、近くのものをじっと見る作業を長時間続けると近視は進行しやすくなると考えられています。

それは次のような理由によります。近くを見るときには、人間は無意識のうちに目をぐっと凝らしてピントを合わせています。ピントを合わせたときには毛様体筋《もうようたいきん》という目の中の筋肉に力を入れます。その刺激が眼軸長つまり、目の奥行きの長さを長くさせると言われています。眼軸長が長くなると、遠くのものを見るときにピントが合いづらくなります。つまり、近視が進行してしまいます。そのため、テレビゲームを長時間やったり、本を近いところで読んだりすると、近視が進んでしまうのです。

これを防ぐためには、テレビゲームなどは1時間続けてやったら、10～15分休憩をするようにしましょう。本を読むときは近くになり過ぎないよう気を付け、正しい姿勢と適度な明るさを保つようにしましょう。また、「屋外で過ごす時間が長いと近視になりにくい」ということが分かってきています。外で遊ぶ時間（一日2時間以上が効果的と言われています）を作りましょう。

■近視は遺伝しますか

次は遺伝的な原因についてです。日本人は近視の原因となる遺伝子を持っている人が、他の民族よりも多いと言われています。両親とも近視の場合は、その子どもも近視になる可能性は高くなりますので、環境にはより注意を払う必要があります。

■どのようなメガネをかければよいのでしょうか

では、どんなメガネをしていても近視とは関係ないのでしょうか。度数の強すぎるメガネをしている場合は、遠くを見るときは見やすいのですが、近くを見るときは毛様体筋に必要以上の力がいるので、近視は進行しやすくなります。メガネは過矯正にならないように気を付けましょう。

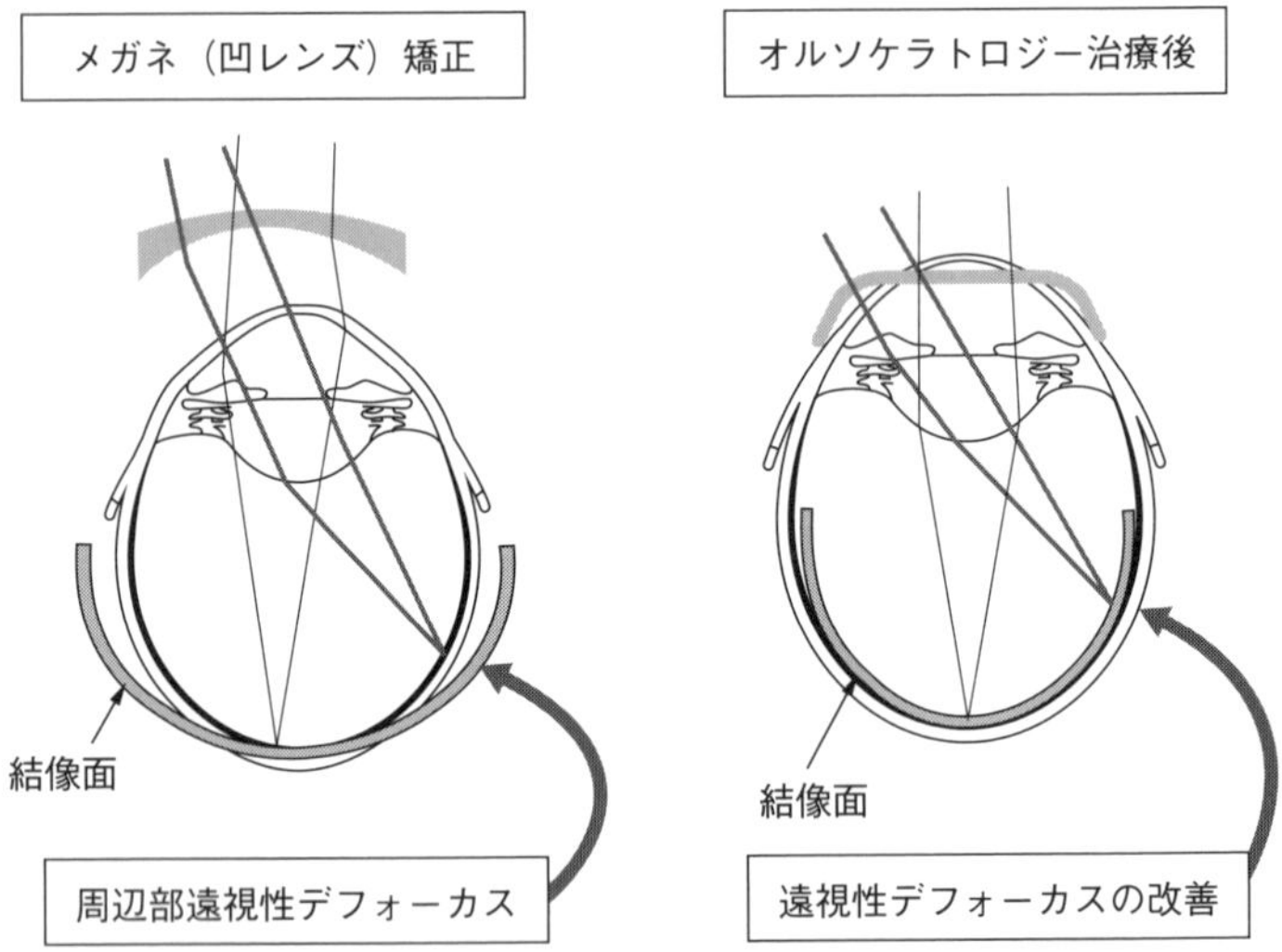

周辺部遠視性デフォーカス
左図）メガネで近視矯正すると、中心は網膜上に結像するものの、周辺においては網膜より後方で結像する遠視性デフォーカス（焦点ぼけ）を生じ、これが眼軸を伸長（近視を進行）させるトリガーとなります。右図）　オルソケラトロジー後は角膜中央がフラット化し近視が軽減しますが、周辺網膜は急峻化するため周辺での屈折力が増し、その結果、周辺網膜像での遠視性デフォーカスが改善します。それゆえ眼軸長伸長（近視進行）が抑制されると考えられています。

●コンタクトレンズ

Q コンタクトレンズはどうして装用時間や使用期限を守らないといけないのですか。

A コンタクトレンズは角膜という繊細な体の一部分に直接、のせるわけですから、使用方法を間違えると角膜の細胞障害など取り返しがつかないことになる可能性があるからです。

■角膜には酸素が必要

コンタクトレンズは角膜という眼の表面の黒目の部分に直接のせるレンズです。角膜も体のほかの器官と同様に酸素を必要としており、もし、酸素が足りない状態が長く続くと角膜の細胞がどんどん死んでしまいます。しかも、この角膜の細胞は一度死んでしまうと新しくつくられることはありません。角膜の細胞は角膜全体に栄養を行き渡らせる役割をしており、栄養が不足すると、透明だった角膜がどんどん白く濁ってしまいます。このように角膜はいつも酸素と栄養を必要としているわけです。しかし、コンタクトレンズを角膜の上にのせると、角膜が空気に直接触れずにレンズ越しに酸素を得ていることになります。

最近のコンタクトレンズは酸素透化性が高いものが多く、かなりの酸素を得ることができるのですが、それでも裸眼の状態にはかないません。コンタクトレンズを何年も使用している人は、コンタクトレンズをしていない人に比べ、角膜の細胞の数が少ないという報告もあります。ですから、装用時間は医師の許可よりも長くならないようにして、コンタクトレンズを選ぶときはできるだけ酸素透化性の高いものを選んだ方がよいでしょう。

■ソフトとハード、どっちがいいの

コンタクトレンズには、ソフトレンズとハードレンズがあります。ソフトレンズでは、最近は一日で使い捨てタイプのコンタクトレンズや、一週間から二週間で新品に交換するタイプが主流です。

酸素不足になると角膜内皮細胞が障害を受ける

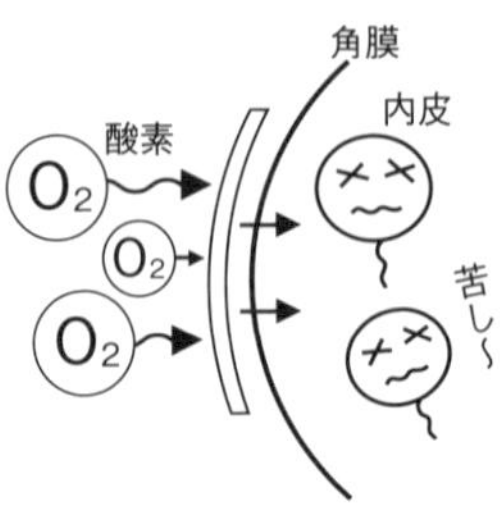

使い捨てタイプのレンズは、その都度新品の清潔なレンズを使えるというメリットがありますが、もともと使い捨てでの使用を前提に設計されていますので、酸素透《さんそとう》化性《かせい》や洗浄後の清潔度などは連続装用のハードレンズより劣ります。そのようなレンズをもったいないからといって使い続けると、重症な感染症になり、大切な角膜を傷めることになります。実際、使用期限を過ぎたレンズを装用し続けて角膜炎になり、角膜が真っ白に濁って、非常に痛い思いをされた人がたくさんいます。必ず使用期限を守りましょう。

サングラスは目によい作用をしているの？　Break Time

●サングラスが好きでいつもかけているけれど、長時間かけるのはよくない？

紫外線の量は3月ころから増え始め、6月にはピークとなります。紫外線は肌の大敵と言われていますが、目にもよくない影響を及ぼすことはご存知ですか。ですから、サングラスは目によい作用をしています。

太陽光線中の紫外線は、波長の短い順にUVC、UVB、UVAの3種類に分類されます。UVCはオゾン層で吸収され、地表には届きませんが、UVB、UVAは人体に様々な影響を及ぼします。日焼けで皮がむけるという経験はみなさん、お持ちと思いますが、実は目も“日焼け”するのです。目の表面にある角膜が日焼けすると細胞が死に、皮がむけてしまいます。正式には“電気性眼炎”と言いますが、強い痛み、まぶしさ、流涙といった症状が出ます。この症状は1～2日ほどで、時間とともに軽快していきます。ほかには、長期的な紫外線の影響として白内障があげられます。

このように、紫外線は目にも深刻な影響を及ぼします。日差しが強い日の外出時にはUVカット加工を施しているサングラスをかけるのがよいでしょう。

一方、ハードレンズでは、ソフトレンズよりもバイキンが繁殖しにくく、酸素透化性も高いものが多いです。しかし、装用感がやや劣るという欠点もあり、たとえ連続装用のものでも専用のケア用品で洗浄する必要があります。

■レンズの交換時期は

使用頻度や使用方法などによって異なりますが、通常型のソフトレンズは約一年、ハードレンズは約二年で交換した方がよいでしょう。それ以上使用することはレンズの性質上よくありません。すなわちレンズ表面に傷がついていたり、除去不可能な蛋白などの汚れが付着していたり、酸素透過性も低くなっているので、必ず取り替えるようにしましょう。

●手　術

Q9 近視が手術で治るって本当ですか。

A レーザーで角膜の形状を変える方法と目の中にレンズを入れる方法があります。

■レーザーを使う近視治療

目の中のレンズに当たる角膜を、特殊なレーザー（Excimer Laser）で削ることによりその形状（屈折率）を変え、近視・遠視・乱視を矯正します。一九九八年にレーザーで角膜表層《かくまくひょうそう》を削ることにより屈折を矯正するＰＲＫ（photorefractive keratectomy）手術が開始され、その後、一九九〇年にギリシャのPallikarisによりＰＲＫを改良した術式が発表され、その利点により世界中に広まったのがＬＡＳＩＫ（laser in situ keratomileusis、レーシック）です。

■レーシックとは

レーシックはフラップ（蓋）をつくることにより角膜表面をほとんど傷めることなく、レーザーにより角膜形状を変え近視・乱視を治すよう考案された手術です。手術時間は片眼10～15分程度で、多くの施設では両眼同時に施行し、入院の必要はありません。麻酔も点眼麻酔剤の

眼の構造

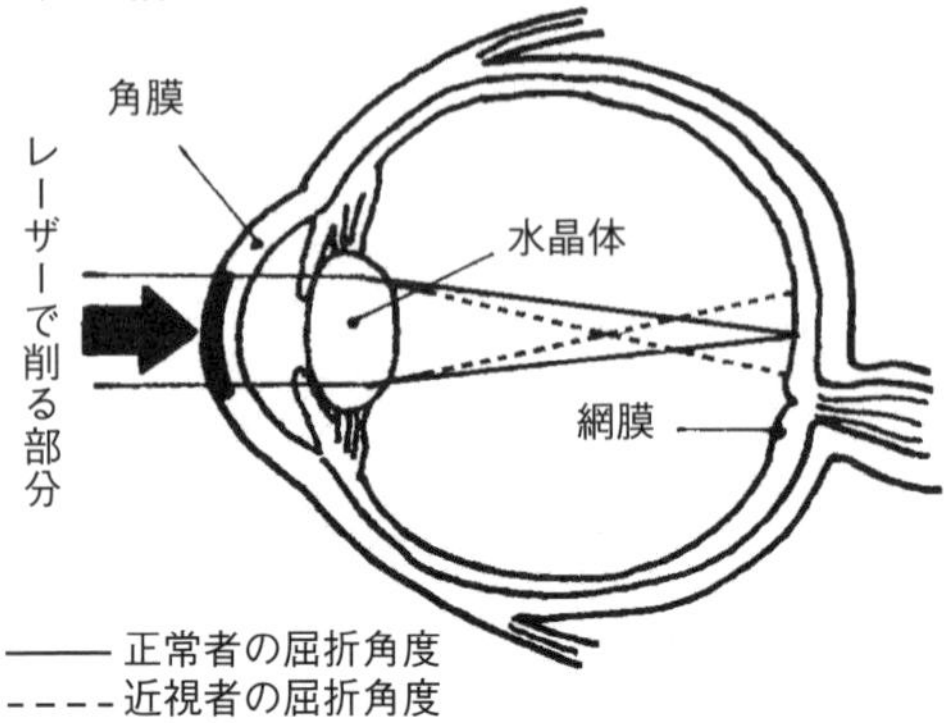

レーザー治療

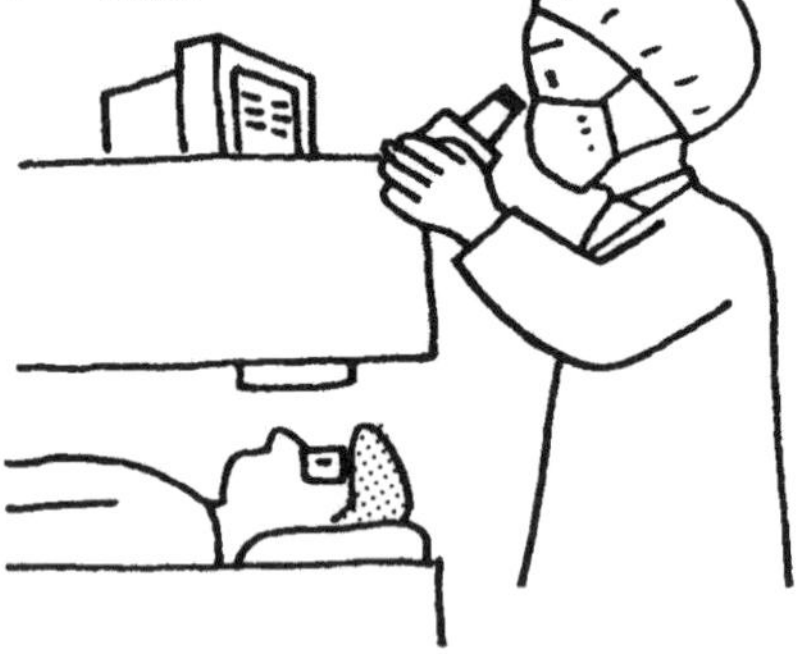

使用のみで術中に強い痛みを伴うことはありません。術後も3時間程度はしみる感じや異物感を感じますが、ほとんどの場合、翌日にはこれらを自覚することはありません。

翌日にはほとんどの人がよい視力を回復され、3カ月間くらいは若干の近視への戻りはありますが、その後の視力の安定性は良好で元の近視に戻ることはありません。これにより多くの方がメガネ、コンタクトレンズを使用することなく、楽に生活を送れるようになりました。世界では、これまでに5000万人以上の方がレーシックを受けられており、現在も年間300万人以上の方が受けていると言われています。30年の歴史があり広く世界で行われている手術です。

■ICLとは

角膜を削らずにレンズを目の中に入れて視力を矯正する方法です。ICL（眼内コンタクトレンズ）の利点はレンズを取りだせば元に戻せる安心感があること、見え方の質が高く、安定性も高

近視にまつわるウソ・ホント　Break Time

●レーシックやICLは将来、保険が利くようになるの？

メガネ・コンタクトレンズが医療保険の対象ではないように、レーシックも医療保険の適応となりません。これらを医療保険の対象とした場合、国民医療費はますます高騰を招くことになります。現在の保険財政を考えると、今後もレーシックやICLに医療保険が適用されることはないと思われます。

いため、近年世界中で急速に広まっています。

■どのような人に向いているか

メガネ・コンタクトレンズでの矯正では、日常生活、仕事、スポーツなどに不便を感じている成人であれば対象になりますが、本来健康である目に対する手術ですから、自分にとって手術が本当に必要かどうかをよく考えた後、受けるかを決めるべきです。また、すべての人に適応があるわけではなく、術前に十分検査をしてから、慎重に適応を決めるべきです。

■合併症などのリスクは少ないですが、ゼロではありません

手術である以上、若干の合併症はありますが、適切な時期に適切に治療を行うことにより、多くは回復可能です。矯正視力の極端な低下を招くような重篤な合併症の発生率は、0・2％以下と報告されています。詳しくは、眼科治療最前線（233ページ）で解説します。

COLUMN

おしゃれコンタクトに要注意！

中村　友昭

現在、我が国でのコンタクトレンズ使用者は1500万人と言われていますが、近視人口の増加や、中高年向けの遠近両用コンタクトの普及に伴い、今後益々使用者が増えてくると思われます。コンタクトレンズの主流は、ハードから、使い捨てソフトコンタクトレンズに変わり、またその素材も改良され、以前に比べ目に優しくより安全なものになってきました。しかし、日本眼科医会の調査によれば、コンタクト使用者の7～10％に眼障害が発生していると言われており、確かに目の症状を訴え、我々のもとを訪れる患者さんは後を絶ちません。その理由として、日々のケアの怠慢や、誤った使用法、とくに長時間の使用や不潔な操作、友達同士の使いまわしなどが挙げられます。

さて、最近では近視矯正ではなく、おしゃれ目的で使用するカラーコンタクトレンズによるトラブルがとくに問題になっています。なぜなら、カラーコンタクトレンズは、以前は単なる雑品として取り扱われていたため、何の規制もなく、眼科医の処方を得ずに化粧品と同様に店頭販売、あるいはインターネットによる通信販売がされていたからです。そして、トラブルのほとんどがこのような場合に起こっていました。

その後、カラーコンタクトは通常の視力矯正用コンタクトレンズと同様に、高度管理医療機器として取り扱われるようになり、粗悪な製品がなくなることによって、眼障害が激減することを期待しましたが、現実には逆に増えているそうです。おそらく、カラーコンタクトを使用する人の数が急増したためと、いまだ雑貨屋やインターネットで購入できるためと思われます。トラブルを避けるには、安全性や品質が不確かな輸入品は避け、信頼できるコンタクトレンズメーカーによる安全性が保証されている承認品を使用することが第一です。そして、定期的に眼科医の診察を受け、常にケアを怠らないことが肝要です。

とくに若い方が使用されるコンタクトレンズ。その後の長い人生を考えて、しっかり目の大切さを理解した上で、正しく使って欲しいと考えています。

●コンタクトレンズ使用7カ条

①購入前は眼科に行こう　②添付文書をよく読んで正しく使おう　③装用期間を守ろう　④異常があったらすぐに眼科に行こう　⑤友達との貸し借りはやめよう　⑥ケア用品を使ってケアしよう　⑦定期検査は必ず受けよう

Ⅳ

●その他の目の疾患と検査

目と全身疾患 1

●糖尿病網膜症とは

Q “糖尿病の気”があると言われました。糖尿病とはいったいどんな病気ですか。

A 血液中の糖分の量をコントロールするシステムが壊れている状態で、慢性化すると全身の毛細血管が障害され、様々な合併症を引き起こす怖い病気です。

■日本人の糖尿病患者は年々増加している

糖尿病は「ぜいたく病」とも言われてきました。一昔前の日本では糖尿病を見かけること自体が珍しかったものです。しかし、最近では食生活が欧米化し、より便利になった社会システムにより運動不足の人が増えたため、だんだんと糖尿病の方が増えてきました。もはやその数はアメリカ並みとなっています。

■糖尿病とはどんな状態

尿は体中の老廃物《ろうはいぶつ》が血液中に運ばれ、腎臓《じんぞう》でこし出されたものです。したがって、糖尿病（尿に糖分がたくさんある）ということは血液中にも糖分がたくさんあることを意味します。もちろん、正常の人でも食事を摂れば、糖分は消化管から吸収され、一時的に高血糖《こうけっとう》となりますが、インシュリン（すい臓で分泌されるホルモンの一つ）が血液中の糖分を細胞に取り込ませて、血糖値を下降させます。しかし、糖尿病の人ではこのインシュリンが何らかの理由で不足、またはインシュリンに対する感受性が低下しているため、細胞の中に糖分を取り込めないのです。血液中の糖分の量をコントロールするシステムが壊れている状態が糖尿病と言えましょう。

■糖尿病になるとどんな症状が出るか

糖尿病になると、どんな不都合が生じるでしょうか。まずインシュリン不足により、糖を取り込めない（糖分をエネルギーとして使えない）ことです。血糖値が高くても糖を利用できなければ、実際には栄養不足と同じ状態であり、体にいろいろな機能障害を引き起こします。「貯金はあっても、キャッシュカードがないので、お金を引き出せない貧乏な状態」をイメージしてください。また、糖分は体の水分を奪うので、何度もトイレに行きたくなったり、のどが渇く症状が出て、脱水になりやすくなります。これが重症化してしまうと糖尿病性昏睡《とうにょうびょうせいこんすい》といって脳の機能が停止し、死に至ることさえあるのです。

■糖尿病は全身の血管を障害する

慢性化すると、糖が血管を障害します。その結果、血管壁はもろくなり、やがて小さな裂け目ができてしまいます。血漏れを防ぐために「血栓《けっせん》」という血の中に存在するオモチのような成分が裂け目を埋めますが、この過程は繰り返されるので、オモチはどんどん分厚くなり、血管の内腔はだんだんと細くなって（動脈硬化）、最悪の場合、血管は詰まってしまいます。この現象が脳で起これば脳卒中、心臓で起これば心筋《しんきん》梗塞《こうそく》、腎臓で起これば腎不全となり、命にかかわる状態を招くので、非常に恐ろしい病気であることを心にとめなくてはなりません。そして厄介なことに糖尿病は一度かかると完全に治ることはない病気なのです。

●糖尿病網膜症のメカニズム

Q 5年くらい前に糖尿病と言われましたが、とくに気にしていませんでした。一週間ほど前から左の目がボーとして急に見えなくなりました。何が起きたのでしょうか。

A おそらく糖尿病による網膜症が発症したものと思われます。すぐに眼科を受診し眼底検査などを受けてください。

■糖尿病網膜症は中途失明原因の第一位

糖尿病の合併症として重要なものに「糖尿病網膜症《とうにょうびょうもうまくしょう》」という病気があります。とくに30歳代から40歳代で発症すると非常に予後が悪く、失明に至る確率も低くありません（我が国の中途失明原因の第一位となっています）。この理由として、若いがゆえに病状の進行が早い、ということもありますが、社会的にも中堅層を担い、会社では中間管理職の役割を果たしていることが多く、なかなか治療に専念できないことが挙げられます。仕事を重視するあまり、家庭での食事、規則正しい生活ができなかったり、接待などの偏った食事やお酒の飲み過ぎで病気を悪化させています。しかし、ことの本質は病気の怖さを認識していないことにあります。患者さんは、自覚症状が出る前は、自分が「目が悪い」などと思ってもいないですし、症状が出てもさほどひどくならない間は、体は元気なので「たいしたことはないさ」とタカをくくっています。そして血糖値が高いまま、節制することなく過ごしていくと、急に目が見えなくなることもあります。

■糖尿病網膜症はどのようにして起きるか

目には網膜という大事な部分があります。カメラでいうとフィルムに当たりますが、この部分にはたくさんの血管が走っています。糖尿病が進行すると、網膜の血管が障害を受け、破れたり、詰まったりします（糖尿病網膜症）。出血すれば眼底出血となり、血管が詰まれば、その血管が栄養を送っていた部分の網膜は栄養障害に陥り、網膜細胞は死んでしまいます。した

医師の資格って、どうなっているの？　Break Time

●最近、眼科専門医とよく聞きますが、どんな資格？

日本眼科学会という組織が1989年から「日本眼科専門医制度」を設けています。学会が指定する病院で5年以上研修し、試験に合格した医師を認定する制度です。認定された後も5年ごとに更新しなくてはなりません。学会に出席したり、発表したりする義務があります。

がって、そうならないように代わりの血管が急いでつくられます。これは新生血管と呼ばれ、「栄養がほしい」という体の防御反応として起こる現象ですが、少しもありがたいことではありません。一見すると助け船のように見えますが、実はくせものなのです。なぜなら突貫工事でつくられた血管なので、もろくて破れやすいのです。さらにアッという間にトグロを巻いてニョキニョキ伸びてゆきます。これが破れると硝子体出血といって、眼球内いっぱいに血が溜まり、視力低下をきたします。もし出血がひいても、すぐ出血し、また新生血管が伸びるという悪循環が起こります。この時点でもすでに予後不良なのですが、「そろそろまじめに治療しようかな」とでも思えばまだ救いがあります。しかし、この期に及んでも気にとめない人はもう手遅れです。放置しておけば、やがて眼球内に増殖変化が起こり、網膜剥離となります。また、血管新生緑内障というどんな治療にも抵抗する緑内障になり、ついには失明してしまいます。

●糖尿病網膜症の治療

Q 糖尿病網膜症の治療はどうしたらよいでしょうか。

A まずは全身治療をしっかりすること。次に眼科的治療として、進行予防のためレーザーによる網膜《もうまく》光《ひかり》凝《ぎょう》固《こ》術《じゅつ》を行います。

■まずは糖尿病の内科的治療をしっかり行う

糖尿病網膜症の治療の前に、まず内科の治療をしっかりと受けてください。食事制限（糖の過剰摂取を控える）・運動療法（糖を消費する）・薬（血糖値を薬によって下げる）の三つをバランスよく行います。糖尿病網膜症は、長年の高血糖のツケが回って起きるので、「高くなく、低すぎない、安定した血糖値」がきちんと持続しないと、なかなか改善の兆しが出てきません。もともと真剣に治療に取り組んでこなかった人にとっては、血糖のコントロールそのものがかなり大変です。もし仮に血糖が安定しても、すぐに網膜症の改善には反映しないので、治療のモチベーションを保つのにも苦労します。まさしく、返しても返してもちっとも減らない「不良債権」のようであり、ここに網膜症の治療の難しさがあります。効果のないことをやれないのは人間の当然の心理だと思いますが、だからといって治療を先延ばしにしたら、ますます悪化することは皆さんにも容易に想像できると思います。

■目の治療の網膜光凝固術とは

目の局所的な治療として、最も一般的なものに網膜光凝固術という治療があります。これは文字どおり網膜をレーザー光線で焼く（凝固）治療です。「網膜を焼いても大丈夫なのだろうか」と思う人もいるかもしれませんが、網膜中心部と視神経以外は視力にはあまり影響しないので焼いても大丈夫です。なぜこの治療が有効なのかは、網膜症になる理由を思い出してください。網膜が栄養障害に陥るから新生血管ができますが、焼いて瘢痕《はんこん》になってしまえば栄養はいりません。よって新生血管の発生が予防できるのです。また、視力に影響しない部分を、あらかじめ焼いてしまう方法もあります。これは瘢痕だらけにすることで「悪化する可能性のある部分」をなくしてしまう、という理屈から考え出されました。この治療は視力を少しでも保つために、視力にはあまり大事でない部分を犠牲にする、というう発想に基づいています。

糖尿病眼合併症の治療薬として近年の大きなトピックは、抗ＶＥＧＦ（血管内皮増殖因子を抑制させる）薬を患者さんに投与できるようになったことです。もともと抗ＶＥＧＦ薬は加齢黄斑変性の治療薬として導入された薬ですが、この薬は糖尿病網膜症を増悪させる新生血管の産生を抑え、血管成分の漏出を防ぐので、糖尿病眼合併症である網膜症の進行を抑制します。この抗VEGF薬が導入されて以降、患者さんの視力予後はとても改善しました。研究の結果、抗VEGF療法を受けた患者さんの視力は2年程度の経過をかけて段階的に徐々に改善していくことが判明しています。

■さらに網膜症が進行したらどうするか

しかし、網膜症が進行すると網膜光凝固だけでは改善しない場合がありま

網膜光凝固術

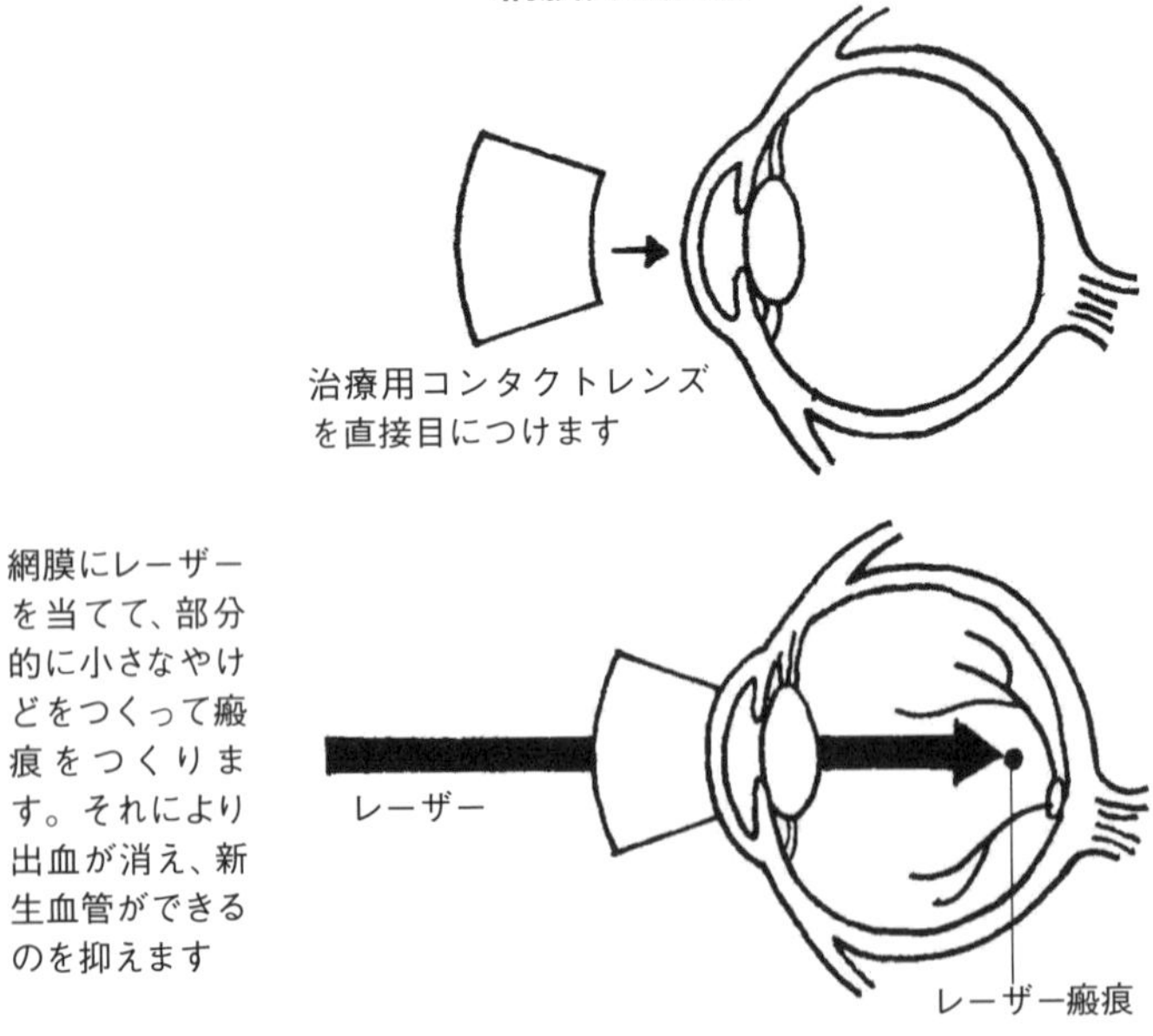

治療用コンタクトレンズ
を直接目につけます
網膜にレーザー
を当てて、部分
的に小さなやけ
どをつくって瘢
痕をつくりま
す。それにより
出血が消え、新
生血管ができる
のを抑えます
レーザー
レーザー瘢痕

す。眼球内の出血がちっともひかない場合や、すでに網膜剥離になっている場合などで、これらは手術療法の対象となります。増殖膜《ぞうしょくまく》を剥がし、出血を吸引し、剥離した網膜を元に戻します。この手術は硝子体切除術と言われます。ただし、この手術を受けたからといって、悪くなる前の視力に戻ることを期待してはいけません。視力の維持、悪化を防げれば成功と考えてください。したがって網膜症の治療に当たっては、予防・早期発見・早期治療がポイントになり、夢のような治療はないのです。

●高血圧性網膜症・網膜中心静脈閉塞症

Q 十数年来、高血圧で薬を飲んでいますが、最近、右目の下半分が急に見えにくくなりました。何が起こったのでしょうか。

A おそらく網膜に通っている毛細血管の一部分が詰まってしまい、帰ってこれなくなった血液が網膜の上半分に浸み出したものと思われます。この病気を網膜《もうまく》中心静脈《ちゅうしんじょうみゃく》（分枝）閉塞症《へいそくしょう》と言います。

■血圧が高いときは血管にどのような変化が起きているのですか

血圧は、心臓が血液を送り出すときに血管壁にかかる圧力のことです。高血圧が持続されるとだんだん血管壁は硬くなり、血管は細くなりますが、その硬く細い血管に血液を通すためには、心臓はより収縮力を高め、さらに高出力で押し出さなくてはなりません。したがってますます高血圧になるという悪循環に陥ります。脳や心臓、腎臓などへの負担も大きく、脳出血や心筋梗塞など、命を左右するような病気を引き起こす原因の一つとなっています。

■高血圧があると目にどのような影響を及ぼしますか

高血圧性網膜症が出現した人の眼底検査では、網膜血管の狭小化や動脈硬化性《どうみゃくこうかしょう》の変化が見られますが、血圧が体にどの程度の悪影響を及ぼしているかを直接観察できるという点で、内科的にも有用な検査と言えます。高血圧が持続し、絶えず高い圧に血管壁がさらされると、微小な破綻《はたん》が起き、網膜に血液成分やコレステロールが漏れたりします。視力に一番大事な部分である眼底の中心部（黄斑部）に漏れると視力が低下することがあります。

■網膜中心静脈（分枝）閉塞症とは

高血圧に付随して起こりやすい目の病気に網膜中心静脈（分枝）閉塞症があります。これは網膜の動脈と静脈の交叉部《こうさぶ》など、静脈の還流が滞りやすいところに血栓ができて、静脈が詰まり、眼底出血を起こす病気です。静脈の流れは血栓によってせき止められますが、静脈血はどんどんやってくるので、河川の堤防が決壊するように、血管壁は破綻して、眼底出血となるわけです。網膜の中のどの静脈が詰まったかによって、出血の範囲や量が違うので、病状が完成した後の視機能は、患者さんによって様々です。例えば幸いにも出血が黄斑部《おうはんぶ》（網膜の中心部にあり、視力に一番大切な部分）を回避していれば、視力低下はあまりありませんが、出血の範囲に対応した部分が見えにくい、というような症状が出ます。黄斑部が腫れてしまった場合には抗ＶＥＧＦ（血管内皮増殖因子）薬を投与します。

この症例では右目の網膜中心静脈分枝閉塞症で網膜の上半分に出血したものと思われます。また、運悪く黄斑部に出血が及び、障害を受けてしまうと、出血がひいた後でも明らかに視力が落ちてしまいます。出血が止まらず大量に出ると、眼球内にあふれてしまうこともありますし、かなり根元の方で詰まれば網膜全体に血液が流れません。その結果、新生血管が伸びて目の中の水（房水）の排出路をふさいでしまい、重症な緑内障となり失明してしまうこともあり得ます。糖尿病などと同じで、全身疾患が目に影響を及ぼす典型例の一つです。

網膜中心静脈閉塞症

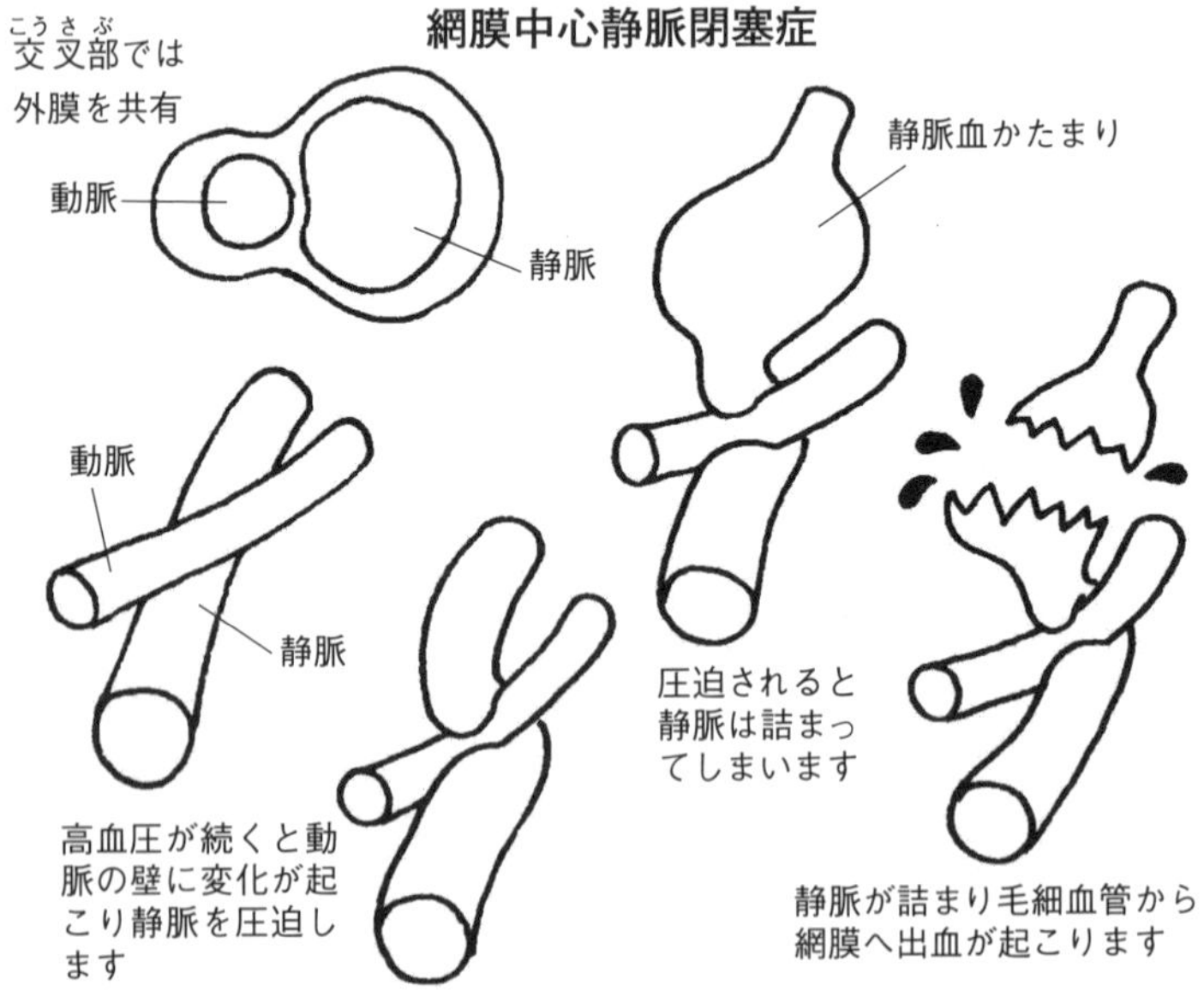
交叉部《こうさぶ》では
外膜を共有
動脈
静脈
動脈
静脈
高血圧が続くと動脈の壁に変化が起こり静脈を圧迫します
静脈血かたまり
圧迫されると静脈は詰まってしまいます
静脈が詰まり毛細血管から網膜へ出血が起こります

●ブドウ膜炎

Q 黒目の周りが急に赤くなり、かすんできました。鈍痛もあり、少し前から風邪っぽいです。どうしたらよいでしょうか。

A 目のブドウ膜と言われる部分が炎症を起こしていると思われます。目薬や内服薬によって治療を行いますが、何度も炎症を起こしたり、視力障害を残すことがあります。このような症状が見られたら、早めに治療を受けましょう。

■ブドウ膜とは

茶目と言われる虹彩の部分と、茶目の後ろにある毛様体、目の後ろの方の眼底にある脈絡膜《みゃくらくまく》と言われる膜の部分をまとめてブドウ膜と言います。これらの部分は血管や色素を含んだ細胞が多いため、全身の影響を受けやすく、炎症が起きやすいのです。茶目（虹彩）はカメラの絞りのように広がったり、縮んだりして、目の中に入る光の量を調節しています。毛様体は目のピント合わせの調節や目の中の水（房水）をつくる働きをしています。脈絡膜は栄養補給や目の中の熱の拡散や、光の吸収を行っています。ブドウ膜の炎症には、ブドウ膜そのものから起こったものと、目の中のほかの部位から炎症が波及したものがあります。

■ブドウ膜炎の症状

症状は、まぶしさや、目の痛み、涙が出たり、かすんで見えたり、白目（球結膜《きゅうけつまく》）が充血したりします。また、目の奥の方の炎症では、虫が飛んでいるように見える（飛蚊症）こともあります。

今回のように風邪のような症状に引き続いて目の症状が出ることがありますので、このような場合はブドウ膜炎の可能性が高く、すみやかに眼科を受診することが必要です。眼科の診察では、黒目（角膜）の周囲に紫紅色の充血や、黒目の奥に炎症を認めます。また、膿が黒目の後ろに沈殿したり、炎症がとても強いときには出血することもあります。急に眼圧が上がる、いわゆる緑内障を起こし、目が痛くなったりすることもあります。その他、視神経や網膜も炎症を起こし、腫れたり、剥がれたり（網膜剥離）することもあります。

■ブドウ膜炎の原因は

ブドウ膜炎は細菌・ウイルスなどの感染によるものや、免疫異常などがからんだ全身の炎症が波及する非感染性のものなど、いろいろな原因で起こりますので、まずは原因の特定が必要です。血液検査などを行いますが、不明なものも多く治療を困難にすることもあります。

■ブドウ膜炎の治療

ブドウ膜炎はその原因により治療法が異なりますが、一般に軽度の場合、点眼薬にて軽快します。しかし、炎症が何度も起きたり、他の目の病気を引き起こすことがあります。また、その程度により内服や点滴による治療や目への注射を要することもあります。

その他、ブドウ膜炎により続発して起こる他の病変に対する治療が必要になることがあります。レンズが白く濁り白内障という病気になったり、目の圧が上がり緑内障という病気を引き起こしたり、強い炎症が続くことで眼が機能を失い眼球が縮小して眼球ろうと呼ばれる状態になることもあるので、注意が必要です。また、ブドウ膜炎は全身の病気を伴うことが多く、目以外の症状にも注意を払う必要があります。

●バセドウ病（甲状腺眼症）

Q 最近、両目が飛び出てきたようで、目がつぶりにくくなりました。手も震えるような気がします。まず何科にかかった方がよいですか。

A 甲状腺機能亢進症《こうじょうせんきのうこうしんしょう》による眼症状と思われますので、内分泌内科にかかり、甲状腺のホルモン療法を行うとともに、眼症状に関しては眼科的治療を行う必要があります。

■甲状腺機能亢進症とは

甲状腺の免疫異常によりいろいろな全身症状が起こりますが、そのうち目に異常をきたすものをグレビス病とかバセドウ病と言います。甲状腺の腫張と頻脈《ひんみゃく》、眼球突出《がんきゅうとっしゅつ》が三大症状です。その他、甲状腺ホルモンの異常により動悸、体重減少、発汗、震え、基礎代謝の亢進などの症状が起こります。40歳代の女性に多く発症します。眼球突出は通常は両眼性ですが、片目だけのときもあります。目の症状は目を動かす筋肉（外眼筋）が肥厚したり、眼球周りの脂肪など

眼球が飛び出している

が腫れて、眼窩というスペースに収まりきれなく目が飛び出してきて起こります。初期は涙目や異物感、まぶしさを感じるようになり、その後結膜充血や白目がぶよぶよに腫れてきたりします。そして、まぶたが後退するとともに目が飛び出て、特徴的なびっくり目の状態になります。さらに進行すると、目の動きが悪くなり複視となったり、視神経に障害をきたし視力が低下することがあります。

■どんな治療をするの

治療としては何よりも甲状腺機能のコントロールですが、眼症状に対しては副腎皮質《ふくじんひしつ》ホルモン（ステロイド）が第一選択となります。それでも改善しない場合は、放射線療法を併用したり、場合によっては減圧手術という外科的療法を要することもあります。甲状腺機能が正常化しても、眼症状が改善しないことが多いです。

●ヘルペス角膜炎

Q 額に発疹（帯状疱疹《たいじょうほうしん》）が出ており、目も充血してチカチカします。よい治療法はありますか。

A おそらくヘルペスウイルスによる角膜炎《かくまくえん》を起こしていると思われます。最近ではこのウイルスによく効く軟膏がありますので、悪化しないようできるだけ早期の治療開始をお勧めします。

■帯状疱疹とは

帯状疱疹は水痘帯状疱疹《すいとうたいじょうほうしん》ウイルスによる病気で、一度このウイルスに感染するとウイルスは体の神経に潜み、体調を崩したりして弱ってくると、逆にウイルスは元気になり、皮膚に発疹を伴って出てきます。この発疹は痛みを伴うことと、必ず顔、体の左右どちらかだけに出現し、体の中心線を超えて広がることはないので診断は簡単につきます。目は三叉神経（第一枝）がウイルスに侵されると症状が出てきます。この神経の支配領域は皮膚でいうと、額から上まぶた、鼻先までで、この部位に発疹が出ると、目にも症状が出る可能性があります。軽い症状だと結膜（白目）の充血、目やに程度ですみますが、角膜（黒目）にも病変が出てくることがあります。

また、目の表面だけでなく奥にまで病変が及ぶこともあり、虹彩毛様体《こうさいもうようたい》（ブドウ膜）、網膜などが侵されることがあります。こうなると視力にも影響してきますので心配です。まれに発疹を伴わない眼部《がんぶ》帯状《たいじょう》疱疹《ほうしん》ヘルペスもあり、発疹がないからといって目は大丈夫ということではありません。

■検査では何を調べますか

検査は発疹があれば症状のみで診断ができますが、目のみの症状の場合は、角膜の知覚が低

目によい食べ物ウソ・ホント　Break Time

●ビタミンが目によいってホント？

ビタミンは蛋白質、糖質、脂質などの栄養素の働きを助ける働きをしています。体内でつくることはできませんので、食事から摂らないと体に不調が出ます。栄養状態が悪かったころにはビタミン不足による目の病気がありました。しかし、現在は栄養状態が非常によくなり、偏食をせずバランスのよい食事をしていれば、目のために特別に食事に気を払う必要はないでしょう。しかし、インスタント食品やスナック菓子などばかり食べているような人は要注意です。何はともあれ正しい食生活をすることがとても重要です。それがどうしても無理ならサプリメント（栄養補助食品）で補ってみてはいかがでしょうか。

下したり、角膜に特徴的なキズ（びらん）を呈することが多く、これにより診断します。最近では涙液などから直接、ウイルスDNAを調べる方法（PCR法）もあります。血液検査（ウイルス抗体価）でも調べられますが、時期によりこの抗体価が変動するため、決定的な検査法とは言えません。

■治療法

治療法は、現在バラシクロビルやアシクロビルというヘルペスウイルスによく効く抗ウイルス剤がありますので、これを症状に応じて、点滴、内服、点眼で使用します。また、二次感染予防のために抗生剤の点眼、消炎のためにステロイドの使用を行うことがあります。

また、眼部帯状ヘルペスは免疫機能《めんえききのう》の衰えている高齢者や全身疾患で治療中の方に発症すると重症になりやすいので注意が必要です。

●アトピー性眼疾患

Q 子どものころからアトピーがひどく、最近は目も見えにくく感じます。すぐに眼科にかかった方がよいですか。

A 何らかの目の障害があると思われます。早めに眼科を受診してください。そのときにはステロイドを使用しているか主治医の先生に確認しておいてください。

■アトピーによる目の病気

アトピーでは皮膚の痒みが大変強く、人によっては目の周りの痒みのために、知らず知らずのうちに、目をたたいてしまう人もいます。アトピーに伴う目の病気には結膜炎、円錐角膜《えんすいかくまく》、ドライアイ、白内障、網膜剥離などがあり、さらに治療に使われるステロイドの副作用の一つとして緑内障もあります。

結膜炎は、増殖性変化を伴う重症型の結膜アレルギーが多く、角膜にも障害を伴い、強い痛みや視力が下がる人もいます。内服も含めて積極的なステロイド治療が必要ですが、皮膚科で脱ステロイド療法をされている人は十分連絡をとる必要があります。

白内障は前嚢、後嚢と呼ばれる部分に濁りが出るものが多く、比較的早期から光を見たときににじんで見えたりします。視力的に不自由が生じた時点で手術が行われます。失明する可能性のある網膜剥離は白内障に合併することが多く、通常の網膜剥離よりも見つけにくく、白内障の手術の後で分かることもあります。また、より周辺に剥離が疑われれば目を押して調べる場合もあります。治療は何らかの手術療法が必要となる場合が多く、その後も定期検査が必要であり、強くこすったり、たたくことは控えましょう。

緑内障はステロイドを使用している人に起こる可能性があり、知らず知らずのうちに視神経障害が進行している場合は、見える範囲が狭くなっている人もいます。治療はステロイドの減量、点眼薬で眼圧を下げますが、下がらない人には手術が必要になります。

どの眼疾患にせよ、元々のアトピーに対するステロイド治療の有無が眼科の治療方針に影響を与えますので、眼科を受診する前に、主治医に現在の治療を確認しておく方がよいでしょう。また、調子がよくても定期的に眼科受診をして、とくに眼底疾患がないかどうかを確認することをお勧めします。

●頭蓋内疾患

Q 両眼とも視野が狭くなった気がします。眼科にかかった方がよいですか。

A 目の病気からくる場合と、頭の病気からくる場合が考えられます。頭痛や手足のしびれなどがあるようでしたら、頭を専門とする神経内科・脳神経外科を受診しましょう。

■片目ずつチェックしてみましょう

視野だけが気になるのであれば、眼科を受診し視野検査を受けましょう。私たちは実は目だけでは物は見えないのです。網膜に映し出された像が視神経を通って脳の後方にある〝視覚野〟という場所に伝わって初めて〝見える〟ようになるのです。目と脳の両方が正常であれば、しっかりと物を見ることができるのです。視野の一部分に見えないところがあったり、上半分が見えない、下半分が見えないなどの状態のとき、網膜剥離、網膜の血管が詰まる病気、緑内障が疑われます。〝目〟自体に異常がある場合には、片目だけのことが多いのです。

目からの情報は脳へ送られる

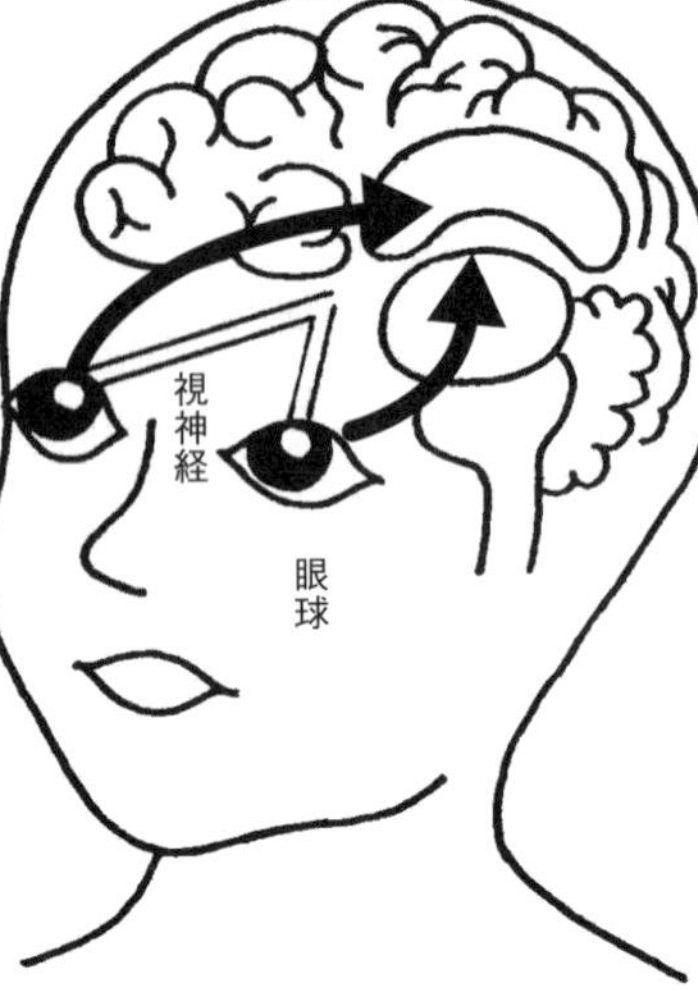

目自体に異常がない場合は頭の病気が疑われます。脳腫瘍や脳卒中（脳梗塞・脳出血）などの病気が考えられますので、とにかく詳しく調べる必要があります。人間の目は幸い右眼と左眼の二つがあります。片目の視野の異常だと、もう片方の目が見えていれば気がつかないことが多いので、片方ずつ目を覆ってみてチェックしましょう。

●複視

Q 急に物がダブって見えるようになりました。何が起こったのですか。

A おそらく「複視《ふくし》」になったと思われます。原因を詳しく調べるために眼科、神経内科を受診してください。

■複視とは

物が二重に見えることを複視と言います。通常は、両眼で見たときに二つに見えることを意味します。原因としては、眼を動かす神経や筋肉の障害が考えられます。眼球は六つの外眼筋により動かされています。それらをつかさどる神経は、動眼神経《どうがんしんけい》、外転神経《がいてんしんけい》、滑車神経《かっしゃしんけい》です。それらの異常により外眼筋《がいがんきん》の動きが悪くなり（外眼筋麻痺《がいがんきんまひ》）複視が生じます。

その筋肉が本来作用する方向を見ると、両眼の視線を合わすことができにくくなるため、二重に見えます。たとえば、左眼を外側へ動かす筋肉の働きが悪くなると、正面や右を見たときには一つに見えますが、左を見たときに二重に見えます。このため、複視が生じないようにするために、頭を傾けたりして同じ方向を向きがちになるので、頭痛や肩こりになることがあります。

■なぜ外眼筋麻痺が起こるの

外眼筋麻痺を生じる原因としては、糖尿病などの代謝性疾患《たいしゃせいしっかん》による神経の麻痺、甲状腺《こうじょうせん》の病気で外眼筋肥大による眼球の運動障害、脳動脈瘤《のうどうみゃくりゅう》、高血圧などの脳血管障害、脳腫瘍、鼻《び》咽頭腫瘍《いんとうしゅよう》などの腫瘍性疾患《しゅようせいしっかん》、重症筋無力症《じゅうしょうきんむりょくしょう》などの神経と筋の接合部の異常、筋ジストロフィー、眼窩筋炎《がんかきんえん》などの筋疾患《きんしっかん》、頭蓋内圧《ずがいないあつ》の亢進などが考えられます。なかには緊急を要することもありますので、すぐに眼科または神経内科にかかってください。

検査では、眼球の動きやまぶたが下がってないかを調べる検査、目に映る像を調べる検査をします。また、原因を調べるために、CTやMRIなどの画像検査や、血液検査を行います。

■治療方法

治療は原因疾患により異なります。原因が明らかな場合は、それに対しての治療が優先されます（脳動脈瘤などでは脳神経外科的手術《のうしんけいげかてきしゅじゅつ》、内分泌的疾患では内科的治療など）。対症療法としては、ビタミンB_{12}、脳循環代謝改善薬《のうじゅんかんたいしゃかいぜんやく》、ステロイドホルモンの内服や点滴を行います。以上のような治療でも改善されないときは、プリズムを用いたメガネをかけることで症状を軽減することが可能な場合もあります。神経の麻痺では数カ月で徐々に改善されることが多いのですが、症状が続く場合は、症状が固定されるまで待って（少なくとも6カ月）、目の位置を矯正する手術を行うことがあります。

●閃輝暗点

Q

突然目の前にギザギザした光が見えて、しばらく視野が狭くなったように、部分的に物が見えなくなりました。光は、のこぎりの刃型のような形で、最初は小さな点から始まり、だんだん広がっていきました。でも、20分〜30分したらそれも消えて、元通りに見えるようになりました。その後、頭が重くなり、しばらく気分が悪くなりました。最近ストレスがあって、眠れない日が続いていています。網膜剥離などが始まっているのでしょうか？目の検査にすぐに行った方がいいですか？

A

それは、おそらく閃輝暗点《せんきあんてん》というものですね。

■閃輝暗点とは

閃輝暗点は片頭痛の前兆ともいわれ、多くの方が悩まれている病気です。

突然視野の中にギザギザした光の波がでてきて、四方に拡がり、その場所が暗くはっきり見えなくなります。目の前が真っ暗になったりすることもあります。症状は通常両眼同時に起こり、20分～40分程続きます。その症状は目を閉じていても見えます。その後、頭の片隅にズキズキした痛みが生じることがあります。症状が強いと吐き気を伴うこともあります。これはいわゆる「片頭痛」というものです。

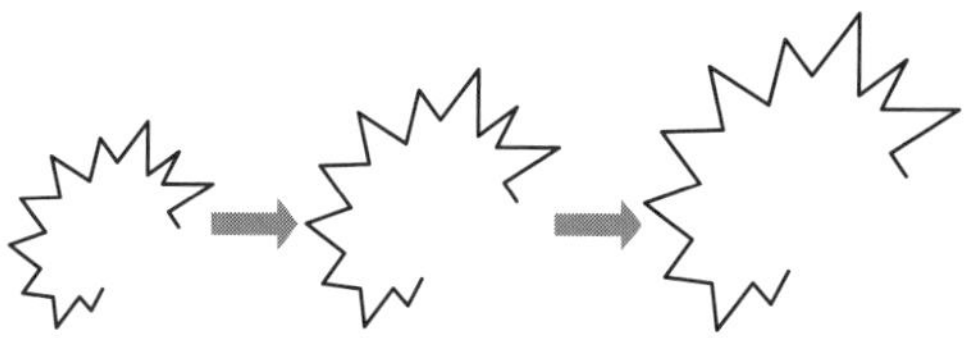

徐々に徐々に大きくなる※色がついていることもある

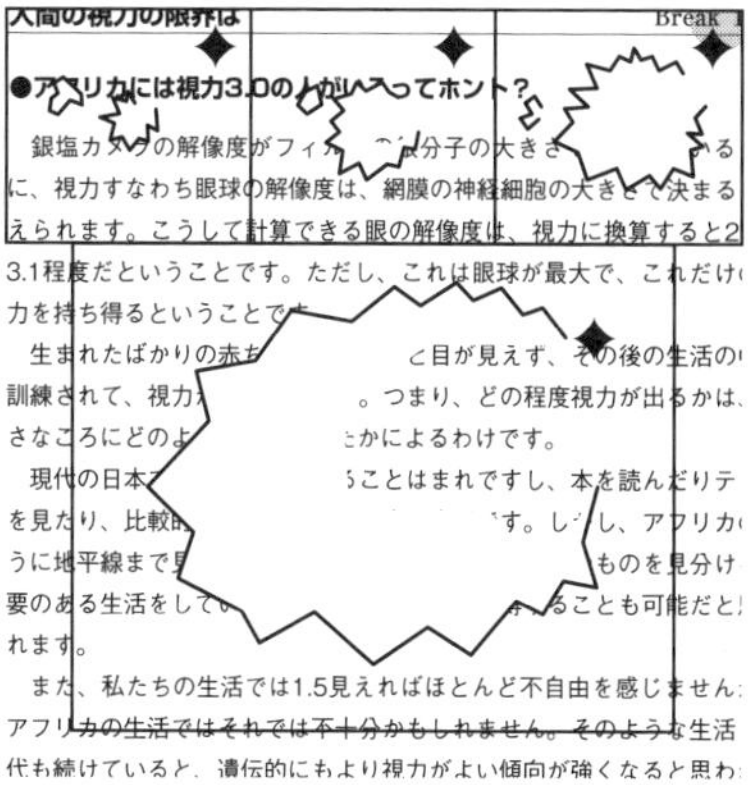

■閃輝暗点の原因

閃輝暗点は脳の視覚をつかさどる中枢である後頭部（視覚野）の血管の一時的なけいれんによって血流が減少するために起こると言われています。その後、けいれんが治まって血管が開くと、血液が大量に流れ込み、血管の周りの神経を刺激し「片頭痛」が起こります。

つまりは、閃輝暗点は、目の病気ではなく、脳内で起こった変化によって発生する症状といえます。

生活面での原因としては、過度なストレス、喫煙、コーヒーやアルコール、チョコやナッツやチーズの食べ過ぎなどが挙げられます。これらはどれも血管を収縮させる作用があるため、脳の血管の収縮と拡張の差が大きくなってしまい、神経への刺激も強くなるため、症状を引き起こすといわれています。

20才前後の若い方に起こる若年タイプの場合は、ご家族の中に同じような症状を持つ方がいたり、発作が起こった時に片頭痛を伴なうことが多いのですが、55才前後に起こる中年タイプでは目以外の症状を伴わないことも多いです。若い方で片頭痛を伴う典型的な若年タイプの場合は、年齢と共に回数も減り、いずれほとんど起こらなくなります。中年で閃輝暗点だけで片頭痛が起こらない場合、まれに脳梗塞・一過性の脳循環障害、脳動静脈奇形、脳腫瘍のこともあるので、頻回に起こるようなら脳血管造影検査やＭＲＩ検査を受けることをお勧めします。

■閃輝暗点の治療

閃輝暗点そのものの治療法はありません。

片頭痛を伴う場合は、早めに片頭痛を抑える薬を飲むことが大切です。

閃輝暗点は周期的に起こるのが一般的ですが、その回数は月に1～2度のこともあれば、年に1回のこともあります。回数が多い場合は、血管拡張剤を使うこともありますが、まずは誘因となるストレスや不眠、過労を防ぐことが大切です。また、起こったら心配せず、30分程度横になって下さい。そうすれば発作はじきに治ります。

人間の視力の限界は　Break Time

●アフリカには視力3.0の人がいるってホント？

銀塩カメラの解像度がフィルムの銀分子の大きさで決まっているように、視力すなわち眼球の解像度は、網膜の神経細胞の大きさで決まると考えられます。こうして計算できる眼の解像度は、視力に換算すると2.1〜3.1程度だということです。ただし、これは眼球が最大でこれだけの能力を持ち得るということです。

生まれたばかりの赤ちゃんはほとんど目が見えず、その後の生活の中で訓練されて、視力が育ってきます。つまり、どの程度視力が出るかは、小さなころにどのように目を使ったかによるわけです。

現代の日本では、地平線を見ることはまれですし、本を読んだりテレビを見たり、比較的近くを見ることの多い生活です。しかし、アフリカのように地平線まで見えるのが普通で、そのくらいの距離のものを見分ける必要のある生活をしていれば、よりよい視力を獲得することも可能だと思われます。

また、私たちの生活では1.5見えればほとんど不自由を感じませんが、アフリカの生活ではそれでは不十分かもしれません。そのような生活を何代も続けていると、遺伝的にもより視力がよい傾向が強くなると思われます。そういった条件が重なれば、3.0といった限界に近い能力を獲得することも可能だと思われます。

現代人と目 2

●眼精疲労

Q 目がいつもとても疲れます。何かよい治療方法はありますか。

A 治療法は疲れ目（眼精疲労《がんせいひろう》）の原因によって違います。まずは、なぜ目が疲れるのか原因を突き止めることが大切です。

■疲れ目になりやすい現代社会

最近、電車に乗ると、小学生から大人までスマートフォンの画面を見つめているのを見ます。また、家に帰るとパソコンを使ってインターネットで情報検索《じょうほうけんさく》をしたり、メールを書いたりと、現代はますます目を酷使せざるを得ない状況になりつつあり、このような質問をよく聞きます。まず眼精疲労には生理的な疲労と病的な疲労があります。生理的なものというのは誰もが感じることですが、長時間テレビや映画を見たり読書をしたりして目が疲れたと感じるもので、しばらくの間目を休めることで疲れは解消されます。

病的疲労は目に対する負荷とそれによる疲労がつり合わないもので、休息をとっても、症状がとれないことが多いです。

■眼精疲労の原因

眼精疲労といっても原因は様々で、大きく分けて三つあります。①目が原因で起こるもの、②外の環境が原因のもの、③全身、心理的要素が原因で起こるものです。これらの原因が絡み合って一つの症状をつくり出していることが多く、原因を突き止めるのは容易ではありません。私なども眼科医になりたてのころは目が疲れて疲れてしょうがなかったことを覚えています。眼科は皆さんが思う以上に目を酷使する科であり、最初のころは未熟なので、一人の患者さんを診るだけで目を必要以上に長く使い、また、間違って診断したらどうしようかと精神的ストレスが大きく、今考えると前述した②、③の条件を満たしていたなあと思います。

まず何が原因かを突き止め、それに対する方法をとることが重要だと思います。最もよくあるのがメガネ、コンタクトレンズなどが合っていないことです。とくに最近は使い捨てのコンタクトレンズを使われる方が多く、少し見えにくいということだけで度数を上げていくと、過《か》矯正《きょうせい》といった状態になることがあります。この状態だと常に目の中のピント合わせをする筋肉を使用して物を見なくてはならず、これに長時間の近くを見る作業が加わったりすると眼疲労感として自覚することがあります。この場合は眼科で目の調節力を取り除いて行う検査で分かります。

目が原因で起こるものとしてドライアイがあります。ドライアイの人は目を使うと瞬きの回数が減り、さらに目の表面が乾きやすくなるので、正常の人より眼疲労感が起こりやすいです。また、緑内障のような視野（物の見える範囲）が欠けてくる病気があると疲れ目になりやすいと言われています。後で述べるVDT作業は②に当てはまる眼精疲労の原因の一つです。③は体力が消耗してしまうような全身疾患や、精神的ストレスなどが関与します。このように原因は多様で、しかもそれが複雑に絡んで起こるのが眼精疲労です。

目の疲れをとろう！ Break Time

●目が疲れてショボショボします。どうしたらよいでしょうか？

細かい作業をしたり、パソコンでの作業を長時間した後などは目がショボショボしたりするものです。血液の循環が悪くなっているサインです。そんなときは熱めのお湯でお絞りをつくり、目をパックしてみましょう。お風呂に入りながら蒸しタオルで目を温めてみてください。血管が広がり、血行をよくします。楽になりますよ。

熱めのお湯でおしぼりをつくりパックしてみましょう
温めると血液の循環がよくなり血管も広がります

■何を調べるか

これに対する眼科の検査としては視力検査《しりょくけんさ》、屈折検査《くっせつけんさ》、調節検査《ちょうせつけんさ》、眼位検査《がんいけんさ》などがあります。視力検査は裸眼視力《らがんしりょく》、矯正視力《きょうせいしりょく》、今持っているメガネなどでの視力を測り、今使っているメガネやコンタクトレンズの度数が適正かチェックします。屈折検査は目の緊張を除く目薬を使って本来の眼の屈折（近視や遠視の度数）を計測します。これによって隠れた遠視などがないか調べます。遠視は目の中の筋肉を使うことで見かけ上は遠視がないように見えることがあり、その場合はいつも目の中の緊張が続いていることになり、疲労の原因となります。目の中の筋肉の緊張を調べることもできます。眼位検査とは目の向きを調べる検査です。これは目の向きがずれていると、それを修正するのに無意識に努力するために知らない間に目が疲れてしまうからです。そのほかの検査として眼科一般の検査で眼圧測定や、眼底検査を行い、これによって緑内障が発見されることもあります。

治療ですが、やはりその原因を除去する方法が必要で、一つの目薬でパッと解決してしまうようなものはありません。

目の疲れをとろう！ Break Time

●遠くの緑を見ると目によいってホント？

緑は昔から目にやさしいと言われています。緑や青色などを目で見て、血圧や呼吸・脈拍・脳波などを測定するとリラックスした値を示すと言われています。それに対して、赤やオレンジ、黄色などは緊張を高めるような反応を示してしまいます。

空の青色を見たり、緑の木を見たりすることは精神的に緊張を和らげるだけではなく、その波長から、網膜機能にもやさしく目の疲れを取る効果があるのです。

部屋のカーテン、カーペットの色を緊張度の少ない色に変えたり、観葉植物を置くのも意味があります。目の疲労回復の効果がありますよ。試してみてください。

●ドライアイ

Q

仕事をしているととても目が疲れて、ショボショボします。目薬を点したときは楽になりますが、すぐにまたつらくなります。何か目薬以外でよい治療法はありませんか。

A

症状から、おそらくドライアイだと思われます。軽いドライアイであれば目薬を使いますが、それでも症状が改善しない場合は、涙点プラグや血清点眼による治療法があります。

■ドライアイとは

ドライアイの症状には、風や煙が目にしみる、まぶしい、デパートなど冷房の効いたところに行くと目がつらい、目を開けていられない、テレビや読書が長時間続かない、雨の日は比較的症状が楽などがあります。単にドライアイといっても目の水分が足りないだけではありません。涙の成分には大きく分けて、水分と油分があります。油分は聞いたことがないかもしれませんが、目の表面には水の層があって、その上に油の層が乗っていて、油分は水の蒸発を防いでいるのです。ちょうど油こってりの豚骨ラーメンをイメージして下さい。スープが熱いのに湯気が出ていないことがありますが、これもスープの油の成分が湯気の出るのを防いでいるのです。

また、ドライアイといっても程度は様々です。軽いドライアイでは涙の基礎分泌（普段何もしていないときの涙の分泌）が少なくなりますが、悲しいときや目にゴミが入ったときなどには涙が出ます（刺激性分泌《しげきせいぶんぴ》）。重症になってくるとこの刺激性分泌も少なくなってきます。ドライアイの中には涙をつくる涙腺という組織以外の腺組織《せんそしき》も壊れてしまうシェーグレン症候群と呼ばれる病気があります。これは、重症のドライアイをきたし、目だけでなく口や鼻なども乾いてきます。

最近、パソコン使用などのＶＤＴ作業は現代人にとって必要不可欠なものとなっています。人はＶＤＴ作業を行うとまばたきが極端に減り、目からの水分の蒸発量が増え、目の表面が乾いてきます。また、現代社会はストレスが増え、自律神経が交感神経系優位《こうかんしんけいけいゆうい》（いつも戦闘状態のようなもの）になっている傾向があるので、こういう状態では涙の分泌が少なくなっています。このように、現代人を取り巻く環境がドライアイを悪化させていると言われています。

涙の流れ

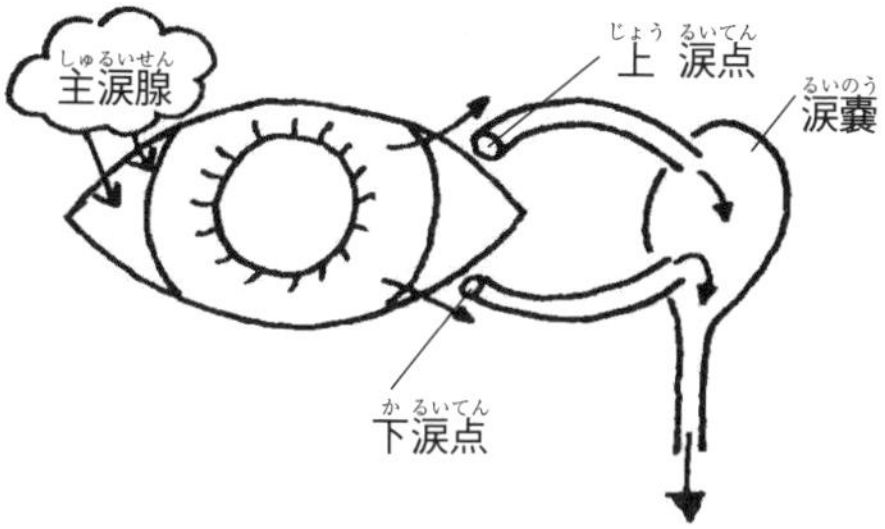

上涙点または下涙点、もしくは両方に  このようなシリコーン製のふたをし、涙が外へ流れていかないようにして目の中の涙の量を増やします

■ドライアイの検査

ドライアイの検査ですが、一般的なものとしてはシルマー検査があります。これは、下まぶたの間に濾紙を五分間挟んで、5分後に紙が何ミリメートル濡れているかということで涙の分泌量を測ります。また、目の表面が乾くと小さい傷ができてきます。そこでフルオレセインやローズベンガルといった染色液を目の中に入れて、目の表面の傷の程度を調べる検査があります。眼科に行って、目の傷を疑われた場合などは検査後に目のふちが赤くなっていたり、オレンジ色をしていることがあるのはこの色素が残っているためです。

■ドライアイの治療

ドライアイの治療法ですが、現在、いろいろと研究が進んでいますが、涙腺（涙をつくる組織）から直接涙を出させる根本的治療薬はありません。このため、軽症なら人工涙液《じんこうるいえき》の点眼を行います。よくドライアイの方が市販の目薬を頻回に使用しているのを見かけますが、ドライアイの方は防腐剤抜きの点眼薬を使うようにした方がよいと思われます。それでも症状が改善しない場合は涙点プラグや血清点眼による治療を行います。涙点プラグは、涙点（涙が鼻に流れていく排水口）に蓋をすることで、目に涙を溜める治療法です。血清点眼は自分の血液を採って、その血清成分を点眼にしたもので、唯一涙に近い成分を持っているため、重症のドライアイに対して使用することがあります。また、油の分泌が低下しているようなドライアイでは目の周囲を温める温熱療法《おんねつりょうほう》により油の排出がよくなります。

現在、根本的なドライアイの治療方法はありませんが、前述したような治療法で症状をうまくコントロールできるようになってきました。近い将来、本当の意味での人工涙液が点眼薬として市販されることが期待されます。

●疲れ目に効くマッサージがあれば教えて！

目の周りにある骨の部分を軽く押してマッサージしましょう。

みなさんも無意識に目頭をギュッット押さえたりしていますよね。しかし、まぶたの上はあまり強く押してはいけません。そのかわり目を動かしてストレッチしてみましょう。

細かい作業や、パソコンを見続ける作業など、とても目を疲れさせます。　ピントを合わせる筋肉もコリ固まってしまいます。目の周りの筋肉に刺激を与えることで、筋肉の緊張をほぐしてあげましょう。

目を360度グルグル動かしてみましょう。

8の字を目で追うように動かしてみましょう。

●VDT症候群

Q 仕事で一日中パソコン（タブレット・スマホ）のモニターを見ていますが、眼の疲れ・肩こり・頭痛がひどいです。仕事を変えることも考えていますが、何かよい方法はないでしょうか。

A いわゆるVDT症候群《しょうこうぐん》かもしれません。一回の作業量をできるだけ減らし、作業の合間に適度な休憩を入れる、作業中にまばたきを意識的に増やす、目薬を使うなどすると効果がある場合があるので、試してみるのもよいでしょう。

■VDT症候群とは

VDTというのはVisual Display Terminalの略で、コンピュータなどモニターディスプレーとキーボードなどの端末のことです。これらを使って長時間作業を行うことにより眼精疲労や全身倦怠感《ぜんしんけんたいかん》、ひどい場合にはイライラ感や不安感・憂うつ感など心身症の症状が起こるものを総じてVDT症候群／テクノストレス眼症と言います。診断基準としては、①眼精疲労（他覚《たかく》的検査《てきけんさ》による診断が望ましい）、②頸肩腕手指などの痛み・しびれなどの異常、③精神神経系の異常、の三つがあります。これらのうち一つだけあてはまる場合は疑い、①と②または①と③にあてはまるものを不完全型、①～③すべてにあてはまるものを完全型に分類します。

■VDT作業は一日4時間まで

VDT症候群の自覚的症状として多いのは目の疲れ、肩こり、イライラ、首から肩への痛み、目の痛み、かすみ目などほとんどが眼精疲労の症状に一致しますが、これらの要因として、視覚器要因《しかくきよういん》、環境要因《かんきょうよういん》、作業要因《さぎょうよういん》、心的《しんてき》要因《よういん》が関係すると言われています。

視覚器要因は、モニターが原因で起こるもので、画面のちらつきや目の疲れを感じます。近

目の疲れをとろう！　Break Time

●疲れるとすぐ白目が充血するのですが、どうしたらよいでしょうか？

充血は目の炎症と同じで、血管が広がっています。冷やして炎症をおさえ、血管を収縮させると充血が取れることがあります。冷蔵庫や氷水などで冷たいおしぼりをつくってパックしてあげましょう。さらにその後、今度は目を温めてあげると血行がよくなり、より効果的です。

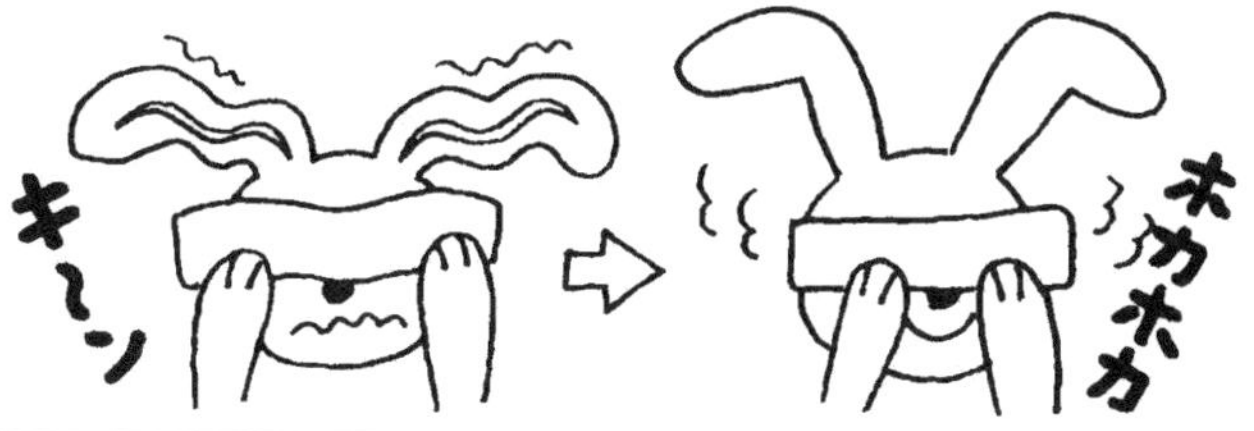

くを見る時はピントを合わせるために筋肉に力を入れますが、長時間モニターを凝視すると筋肉が緊張しすぎてけいれんを起こします。また、モニターの種類にかかわらず、視線がモニターと原稿とキーボードの間を常に移動し、目のピントの調節を頻回に行わなければならないことや、モニターの明るさ不足や外光の映り込みなどがあれば、それらが眼精疲労を招く原因になります。VDT作業中はまばたきの回数がかなり減ることが分かってきており、ドライアイの関与も重要視されるようになってきています。

VDT作業のための指針が厚生労働省や日本産業衛生学会などでつくられていますが、それらによれば連続作業時間は50分~1時間以内、10~15分の休憩を入れる、一日の作業時間は短くなるよう配慮または4時間を超えないようにするなどとなっています。

眼精疲労やドライアイを他覚的に検査するためには眼科受診が必要です。眼精疲労の原因の一つである調節緊張や調節けいれんの程度を調べ、治療を行います。メガネやコンタクトの度が合っていないと目が疲れます。また作業が長時間におよぶ場合、パソコンやタブレットの距離に合わせたメガネやコンタクトを使用すると楽になります。ドライアイがある場合、まばたきの回数を意識的に増やす、視線を下げて眼の露出表面をできるだけ減らす、環境湿度を上げる、人工涙液の点眼を行うなどが有効です。環境要因や作業要因の問題が大きいと考えられるときは、産業医に相談してください。

●パソコンから目を守ろう！

できればカーテンをしましょう。外からの光がモニターに映ってしまうとチカチカします。外からの光がモニターに映り込まないようにしましょう。

照明器具をあまり明るくすると同じように画面がチカチカしてしまいます。照明光がモニターに映り込まないようにすることも大切です。照明はやや暗めくらいが楽なようです。最近はモニターのちらつきを抑えるフィルターや、パソコン作業用のメガネも売っています。疲れ目対策の設定がある機種もありますので確認して購入して下さい。

モニター画面は目線よりもやや下になるようにしましょう。見上げるように作業すると目を見開くことになり、目が乾いてしまいます。エアコンが効きすぎて、空気が乾燥しすぎるとよけいに目が乾きます。

一番大事なことは長時間作業を続けないことです。短時間でも休憩を入れましょう。

目を閉じて目の神経を休ませてあげましょう。ボーと遠くを見るだけでも目は休まります。画面までの距離は、50センチメートルは少なくとも離しましょう。

●眼瞼痙攣

Q このごろ目がぴくついて、なかなか治りません。治すよい方法はありますか。

A **安静にしても改善しない場合は内科的治療、外科的治療も試みられますが、効果は不安定です。最近、このような症状に対しボツリヌス毒素をまぶたの周辺に筋肉注射することにより改善を図る治療がなされ、一定の効果をあげています。**

■眼瞼痙攣《がんけんけいれん》とは

目がぴくつく状態を〝眼瞼痙攣〟といい、眼のまわりの筋肉が、自分の意志とは関係なく痙攣してしまう病気です。

目の周りには眼輪筋《がんりんきん》といって、まぶたを開けたり閉じたり、まばたきをしたりするときに使う筋肉があります。眼瞼痙攣とは、この筋肉が自分の意志とは関係なく動いてしまう病気で、中高年の女性によく起こります。はっきりした原因は現在のところ不明ですが、これらの多くはドライアイを併発しています。初めは下まぶたがぴくぴくすることから始まりますが、しだいに上まぶたに移行します。その後、刺激感や不快感とともに、まばたきが多くなってきます。さらにまぶしさや精神的な疲労などにより悪化し、もっとひどくなるとまぶたを強く閉じるようになり、日常生活に支障をきたすようになります。これら症状の進行は比較的ゆっくりしていますが、そのまま放置しても自然に治ることはまずありません。

■治療方法

心身の安静、サングラスの装用や人工涙液などの点眼によりある程度症状は軽くなりますが、根本的には改善しません。また、対症療法として、筋弛緩剤《きんしかんざい》や抗不安薬を内服したり、顔面神経ブロックを行ったり、まぶたの筋肉や神経を部分に切除したり、脳外科的な手術などが行われていますが、効果が不安定であったり、副作用などのためにあまり行われなくなりました。

そこで近年、眼瞼痙攣に対しボツリヌス毒素による新しい治療が試みられるようになりました。これは痙攣しているまぶたの筋肉に、痙攣を抑える作用をもつボツリヌス毒素を注射する治療法です。ボツリヌス菌は一般的には食中毒の原因として知られていますが、この菌から発生する毒素は、神経を麻痺させることにより持続的に筋肉を弛緩させる作用を持ち、これによりさまざまな中毒症状を引き起こします。しかし、長年の研究の結果、この毒素を少量だけ抽出し、痙攣している筋肉に直接注射することで、その筋肉がゆるみ痙攣が収まるという作用を利用できるようになりました（®ボトックス）。本薬剤は1989年に米国で承認され、日本においても1996年に眼瞼痙攣の治療薬剤として、2000年には片側顔面痙攣《かたがわがんめんまひ》の治療薬剤として承認されています。ただし、現在は講習と実技セミナーを受講した医師のみに使用が許されています。

治療としては、痙攣を起こしている眼輪筋に4～6カ所ごく少量注射するだけで、5分程度で処置は終了します。その効果は2、3日後より現れ、通常2～3カ月持続します。効果が減弱し、眼瞼痙攣の症状が再び出てきたら再投与します。

●中心性漿液性脈絡網膜症

Q

35歳ごろから、時々目の中心が暗く見えるようなことがあったのですが、しばらくするとよくなりました。仕事が忙しくて休みが取れないときは、ひどくなることもありましたが、休みを取るとよくなっていたので、それほど気にしていませんでした。最近は、物が小さく見えたり、少しゆがんで見えるようになり、仕事に支障をきたすようになってきたので心配になりました。このまま放置してもよいのでしょうか。

A

中心性《ちゅうしんせい》漿《しょう》液性《えきせい》脈《みゃく》絡網膜《らくもうまく》症《しょう》という病気の可能性が高いと思います。自然に治ることも多いのですが、ひどくなると元に戻りません。また、早く治療しないと視力が大幅に低下してしまう他の病気の可能性もありますので、眼科を受診して詳しく調べてもらった方がよいでしょう。

■中心性漿液性脈絡網膜症とは

カメラでいうフィルムに当たる網膜の下に水が溜まり、網膜が浮いてしまう病気です。網膜はすぐ下にある網膜色素上皮細胞という細胞から栄養をもらっているため、そこに水が溜まると栄養がうまくもらえなくなり、網膜の働きが悪化し、視力が低下します。20〜50歳、とくに30〜40歳の働き盛りの男性に多く発生します。片目で始まることが多いのですが、しばらくするとほとんどが両眼とも悪くなります。

■ストレスが増悪因子《ぞうあくいんし》

原因は不明ですが、自然によくなることも多いため、三カ月くらいはそのまま経過観察します。しかし、ストレスにより悪化しやすいので、できるだけストレスがかからないように心がけます。また、ステロイドというホルモン剤でさらに悪くなることがあるため、使用している場合は中

中心性漿液性網膜症の起こるプロセス

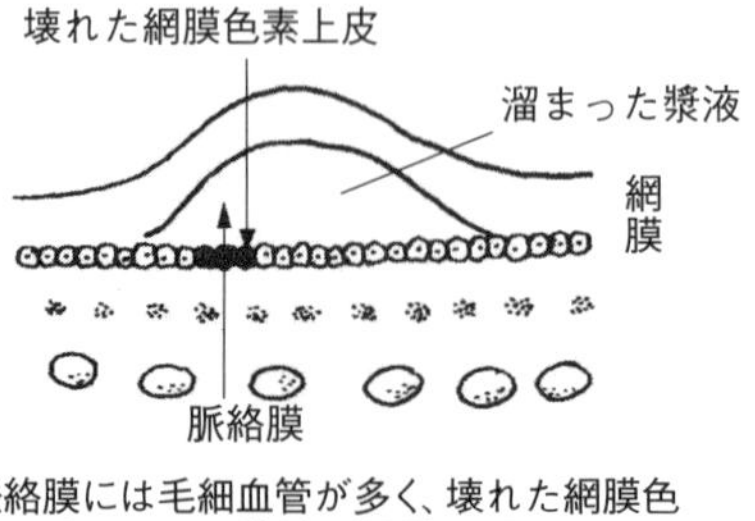

脈絡膜には毛細血管が多く、壊れた網膜色素上皮を通って漿液が網膜の間に溜まります。このため網膜がはがれたように浮き上がってきます

止する必要があります。

■レーザー治療も有効

仕事に支障をきたすなどでどうしても早く治す必要があるときや、3カ月たっても改善しない場合は、レーザー光線で治療することがあります。ただし、レーザー光線により焼いた部位の網膜が死んでしまうため、その部分は見えなくなります。したがって、病変部が物を見る一番大切な網膜の中心（黄斑部《おうはんぶ》）にある場合には、レーザー治療を行うことができません。また、この病気は循環障害が根本的な原因と考えられているため、血液循環改善剤などの内服薬を使用することもあります。

目によい食べ物ウソ・ホント　Break Time

●ブルーベリーが目によいってホント？

目によい健康食品として、よく登場するのがブルーベリーです。ブルーベリーの色素のアントシアニンが人間の生理機能を活性化します。網膜にはロドプシンという色素体があり、目に入ってきた光を分解・再合成させます。その連続が視神経を刺激し、情報を脳に送ります。アントシアニンはロドプシンの再合成を活性化させる働きがあります。

また、血管を強くし､血液の循環をよくするという機能もあります。クッキーやジャム、ガムなどの製品として売られていることが多いようです。大量に食べれば当然、カロリー、糖分の摂りすぎになってしまい、健康的ではありません。気をつけましょう。

ほかにアントシアニンを含む食品としてシソ、スイカ、ブドウなどがあります。他の食品も組み合わせてみてください。

スポーツと目 3

●スキー（雪目）

Q サングラスをしないでスキーをしてしまい、帰りの車の中で両目が急に痛くなりました。どうしたらよいでしょうか。

A おそらく紫外線による角膜《かくまく》障害《しょうがい》である〝雪目《ゆきめ》〟になったと思われます。目薬を点し、しばらく目を安静にされるとよいでしょう。

■紫外線は目にどんな影響があるの

紫外線が肌によくないことは皆さんご存知かと思いますが、目にとっても大敵だということはご存知ですか。太陽光線中の紫外線はその波長によってＵＶＣ（２００～２９０ナノメートル）、ＵＶＢ（２９０～３２０ナノメートル）、ＵＶＡ（３２０～４００ナノメートル）の三種類に分けられます。本来ＵＶＣはオゾン層により吸収されるため、地上にはほとんど届きません。しかし、環境問題として取り上げられているように、最近はオゾン層の破壊が進み、一部は地上に届いているのではないかと言われています。

一方、300～400ナノメートルの紫外線（UVB、UVA）は角膜を通って水晶体で吸収されるため、白内障などを引き起こします。また、とくに290ナノメートル前後の紫外線は角膜で吸収され〝雪目〟などの角膜障害を起こします。太陽の光に含まれる紫外線の量は、日中高度が高くなるほど多くなるため、夏はより多くなります。地上に到達した紫外線は地面に吸収されますが、雪面ではそのほとんどが反射されますので、短時間紫外線を浴びただけでも障害が強くなります。おおよそ2時間くらい紫外線を浴びると障害が出ると言われていますので、必ずサングラス、ゴーグルを装用するようにしましょう。

■雪目の症状と治療

雪目になると角膜の表層に細かい傷がつき、強いまぶしさや痛み、涙が止まらなくなるなどの症状が出ます。これも一〜二日も安静にすれば自然に軽快しますが、その間感染など起こさないよう抗生物質の点眼薬を点したり、痛みを和らげるために眼軟膏などを入れるなどして治療を行います。これほど強くなくても、紫外線は多かれ少なかれ角膜に障害を及ぼすため、日差しが強い日に外出する際は、薄い色でよいので、UVカットレンズの入ったサングラスをかけることをお勧めします。

目の疲れをとろう！　Break Time

●スマホの使いすぎには気をつけましょう

揺れる電車やバスの中で大勢の方がの方がスマホをみています。揺れながらの作業はとても疲れますよね。要注意です。

できれば遠くの景色を見たり、目を閉じて目を休ませる時間にしてあげましょう。

●水　泳

Q プールではゴーグルをした方が目によいのでしょうか。

A プールでは伝染性の結膜炎になったり、プールの水に入っている塩素による刺激で結膜炎になることがあるので、予防としてゴーグルで目を保護することをお勧めします。

■プールでうつる結膜炎

　結膜炎はプールでうつることがあります。はやり目やプール熱と言われる伝染性の結膜炎になると、目が赤く充血し、目やにや涙が出るなどの症状を起こします。また、プール熱といわれる咽頭結膜熱《いんとうけつまくねつ》になると発熱やのどの痛みも現れるため、風邪と間違われることもあります。結膜炎はウイルスによるものと、細菌によるものがありますが、プールでうつるものはウイルスの一種であるアデノウイルスによるものが主です。プールでうつっても、症状が出てくるのはおよそ一週間ぐらい後からです。ウイルス性の結膜炎によく効く目薬は今のところありませんが、他の病気を引き起こさないように抗生物質の目薬を点したり、角膜（黒目）に細かい傷ができている場合は傷を治す目薬を点します。角膜に混濁を生じる場合があるためステロイド薬の目薬を使うこともあります。細菌性の結膜炎は、ウイルス性の結膜炎より症状が軽く、抗生物質の目薬で治療します。ウイルス性の結膜炎はおよそ2～3週間で治りますが、症状が強い場合もあり、まずはうつされないように予防し、また、うつってしまったら他の人にうつさないようにすることが大切です。結膜炎などの目の病気にかかっている可能性があるときは、プールに入ってもよいか医師に確認してください。

■塩素で目が赤くなる場合も

プールの水には消毒のため塩素が入っており、これによって結膜が刺激され、赤く充血した状態になることがあります。また、角膜に細かい傷ができるとゴロゴロした異物感が出てきます。結膜が刺激に対して敏感な人は目が赤くなりやすく、とくに子どもの結膜はまだ丈夫でないため、大人より敏感で目が赤くなりやすいものです。プールは不特定多数の人が利用する施設のため、水質基準が定められていて、プールの遊離《ゆうり》残留《ざんりゅう》塩素《えんそ》濃度《のうど》は、0・4～1・0㎎／lの範囲に設定されています。この濃度は殺菌にはいいのですが、1・0㎎／l近くになると、目や肌への刺激が強くなり、粘膜や角膜に炎症を引き起こすことがあります。

そのようなことから、プールに入るときはゴーグルで目を保護し、プールから出た後は軽く目を洗い流しましょう。しかし、プールの水よりは塩素濃度が少ないものの、水道水にも塩素が含まれているので、さらに涙液タイプの目薬をさして洗い流すとよいでしょう。最近、多くの小・中学校でゴーグルの使用が認められてきていますので、できるだけ着用し、目を保護して下さい。このような予防を行っても目の充血や痛み、目やになどの症状が見られたときには、早めに眼科を受診してください。

目によい食べ物ウソ・ホント

●ビタミンが目によいってホント？

目によいビタミンの代表格がビタミンAです。網膜を健康に保ち、目の粘膜の乾燥を防ぎます。また網膜が光の情報をキャッチして脳に情報を送るロドプシンのもとがビタミンAです。

不足すると暗さに順応する暗順応の機能が低下し、夜盲症になると言われています。レバーやカボチャ、ニンジン、卵黄、ウナギなどに多く含まれています。

ビタミンB1は脳や神経系統を正常に保ち疲労回復に役立ちます。不足すると昔は脚気になると言われました。現代では脚気になることはありませんが、眼精疲労が起こります。ウナギや豚肉、イワシなどを多く摂りましょう。

また、情報の視神経を通る伝達作業を高めたり、視神経の疲労回復に役立つのがビタミンB12です。アサリやカキ、サンマ、レバーなどがその代表的な食品です。

ビタミンCは水晶体の老化を防ぐ働きがあります。不足すると白内障が進行しやすくなります。イチゴやアセロラ、ミカン、キウイ、グアバなどを摂取するとよいでしょう。活性酸素から細胞を守る働きがあるのがビタミンEです。ナッツ類やタラコなどに多く含まれます。

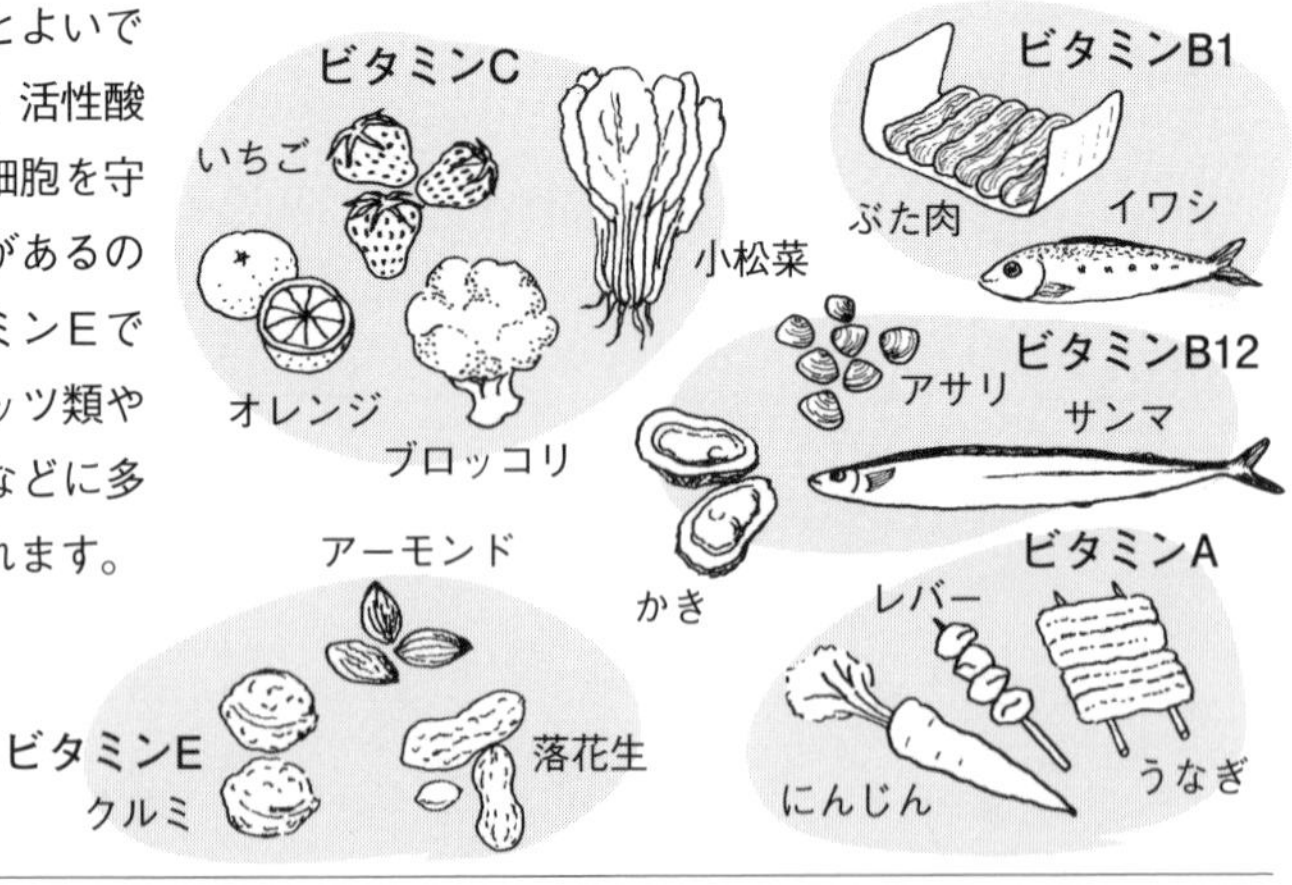

●格闘技

Q 空手をしていますが、メガネやコンタクトレンズは割れるのが怖く、飛んでしまうおそれもあるため裸眼でしています。何かよい方法はありませんか。

A 格闘技をしている人の視力の矯正は、ソフトコンタクトレンズが最も安全だと思われます。しかし、ドライアイなどで装用できなかったり、乱視が強くてソフトコンタクトレンズでは十分矯正できない場合もあります。こういった場合は、ラセック（LASEK）やピーアールケー（PRK）やスマイル（SMILE）というレーザーによる近視矯正手術がよい選択肢になると思われます。

■ソフトコンタクトレンズか、手術で近視を矯正

運動をしている人の中には、近視で悩んでいる人が多くいます。とくに武道、格闘技《かくとうぎ》などをしている人は切実に感じているようです。メガネやハードコンタクトレンズは割れたり飛んだりした場合、とても危険が多く、そういった危険を回避するため、競技でメガネやハードコン

タクトレンズを禁止していることもあるようです。そのため、近視でよく見えなくても、裸眼のままで競技をしている人が多いと聞きます。

このような場合、ソフトコンタクトレンズは比較的安全で、飛んでしまうことも少ないため、よいかもしれません。しかし、ドライアイなどでもともとコンタクトレンズが合わなかったり、乱視が強すぎて乱視入りソフトコンタクトレンズでは矯正不能《きょうせいふのう》であったりすると困ってしまいます。こういった場合、レーザーによる近視矯正手術という方法があります。

ただし、視力の回復の早いレーシック（LASIK）という手術方法は角膜表面にフラップという蓋を作りますので、格闘技などで加わる強い打撲には少し不安が残ります。そのため、激しいスポーツをする人には、フラップを作らないラセック（LAS

EK）という方法がよいと思います。視力回復までには少し時間がかかりますが、手術後1カ月程度で運動を再開しても構いませんし、手術後の目の強度が弱まることもなく、安心して競技を行うことができます。

ラセックはPRKより痛みが少なく、当院でも数人のプロボクサーや力士の方が受けられ、快適に競技をされています。スマイル（SMILE）というフラップを作らないレーシック（LASIK）でもよいと思います。

●スキューバダイビング

Q 強い近視ですが、スキューバダイビングを始めたいと思います。どのように矯正したらよいでしょうか。

A コンタクトレンズはマスクに水が入ったときに流れてしまう可能性があります。水中メガネにレンズを入れることもできますし、水上の不便を感じるのであれば近視矯正手術もよい選択肢かもしれません。

■度入り水中メガネとレーシック

最近、スキューバダイビングをする人が増えています。水の中の世界は一度味わったらやめられないようですね。水中では屈折の関係で物が大きく見えますが、近視などにより、はっきり見えない場合は、この魅力も半減するのではないでしょうか。しかし、マスクの下にメガネをかけることは不可能ですから、コンタクトレンズをするか、マスクのガラス部にレンズを入れるといった方法をとらざるをえません。コンタクトレンズは水が入った場合流れてしまい、水中で危険を感じたという話を聞いたことがあり、あまり向かないと思われます。水中メガネにレンズを入れるのが最もよいと思いますが、かなり高価で、傷がつくことも多く、また、水上に上がったときもマスクをしないと見えないわけですから、水上では不便な思いをするでしょう。

こういった場合、お勧めしたいのがレーザーで近視を治療するレーシック（LASIK）という方法です。詳しくは別項目で解説していますが、スキューバダイビングなどのマリンスポーツをする方には最適ではないかと思います。水圧などの外圧に対してもとくに支障をきたすことはありません。ただし、手術後3カ月間は海には入れませんので、シーズンオフに行う必要があります。

●動体視力

Q　よく動体視力という言葉が使われますが、どのような視力のことを言うのですか。

動体視力は言葉どおり動くものの見え方です。動体視力には前後方向の動きを見る視力と横方向の動きを見る視力の二つが考えられますが、日本で動体視力という場合は主に前者を指します。

■動体《どうたい》視力《しりょく》と静止《せいし》視力《しりょく》

日頃よく行われる視力検査で測る視力というのは静止視力のことであり、非常によい条件の下での、非日常的な最小《さいしょう》識別《しきべつ》閾値《しきいち》（それが離れているかどうかを見分ける最も小さな量、たとえば視力1・0とは5メートル離れた距離から7・5ミリメートルのランドルト環の1・5ミリメートルの切れ目を識別できることを言います）であるのに対して、動体視力というのは動くものの見え方ですから、日常的な見え方の一つであると考えられます。動体視力は被検者《ひけんしゃ》

に対して横方向に動く（眼からの距離は変わらない）ものを見る視力を表すDVA（dynamic visual acuity）と、被検者に対して前後方向に動く（眼との距離が変わる）ものを見る視力を表すKVA（kinetic visual acuity）に分けられます（dynamicもkineticも〝動的〟という意味で定義上の使い分け）が、我が国でいう動体視力とはKVAのことであり、DVAは眼科領域ではほとんど測定されていません。

さて、動体視力と静止視力には高い相関があると言われています。つまり、静止視力がよいほど動体視力もよいことになりますが、動体視力の測り方によっては近視や遠視ほど乱視の影響は大きくないようです。スポーツ選手、とくにテニス選手は動体視力がよいという調査報告もあるようです。動体視力の測定は、眼精疲労検査や運転免許試験などの交通眼科領域での視覚適性検査、視機能検査として使われることがあります。

■動体視力は訓練でよくなる？

従来、KVAは先天的なもので、訓練によってよくすることはできないと言われてきました。その理由は動体視力がもともとの静止視力、年齢、屈折度数、乱視によるものであり、訓練ではそれを根本的にかえることはできないからです。

一方、DVAは眼球運動の訓練、反応速度の訓練によりよくすることが可能と言われ、そのような機器も開発されています。

ＫＶＡについても近年、短波長の可視光線を吸収することにより散乱光を減少させるメガネを使用することによりよくなることが知られており、アメリカでその原理を応用したスポーツ用のコンタクトレンズが開発されたようです。

また、レーシックやＩＣＬなど屈折矯正手術の出現により、近視や遠視、乱視をなくすことが可能になってきており、すなわちこれらの方法を用いることによってＫＶＡを向上させることができる可能性が出てきたと言えるでしょう。

4 眼科の検査

Q 少し目が見えにくくなり、眼科にかかったらいろいろ検査をされました。何を調べているのでしょうか。

■屈折検査

まずどのくらい見えにくいのかを調べるため、視力検査をします。初めに近視や遠視、乱視の強さがどのくらいなのかをオートレフラクトメータという械器で測ります。顎台《あごだい》に顎をのせて小さい穴の中をのぞくと、遠くに気球

屈折検査

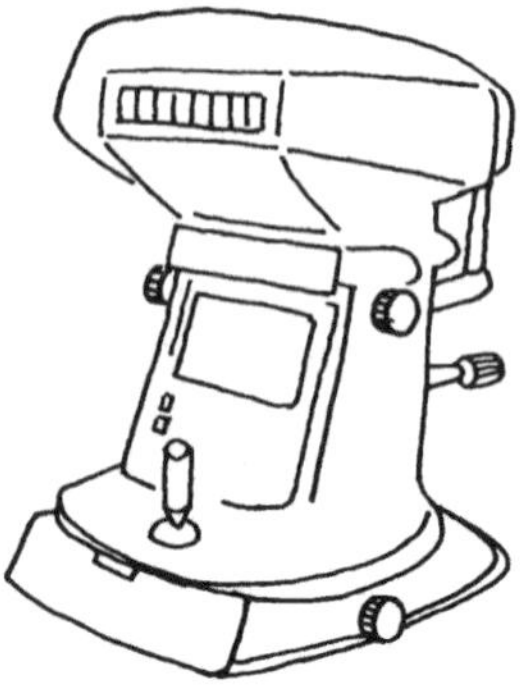

のぞくと気球・水平線・道が見えます

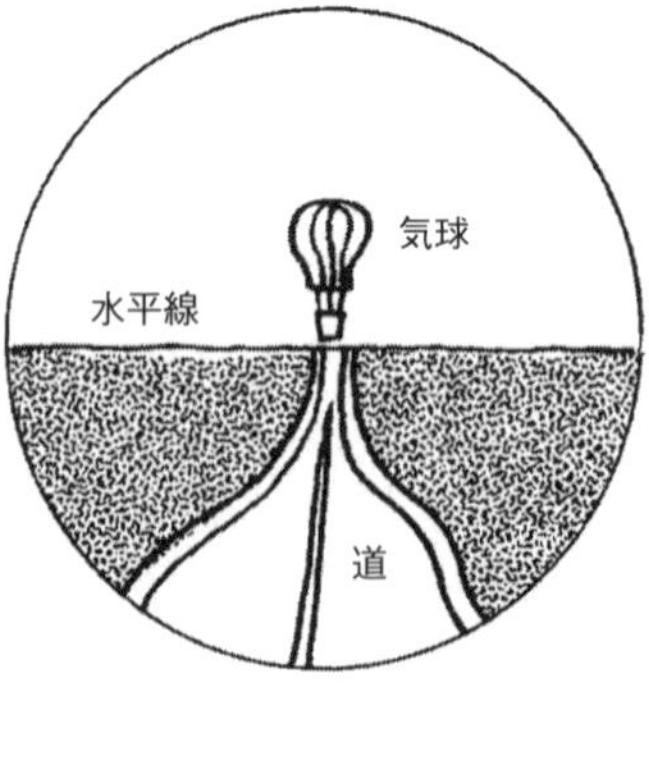

の絵や小さい家が見えるものです。本来は、ぼんやりと遠くを見たとき（調節をしていないとき）の目の屈折力を測りたいので、わざと械器の方で見える像をぼかしたりする仕組みになっています。頑張って凝視するのではなく、なるべく大きく目を開けて、ぼんやりと遠くの景色を見るようにした方がよいでしょう。

　裸眼視力を測定した後、オートレフラクトメーターで得られた値をもとに検眼レンズを目の前に装用して矯正視力（検眼をして得られる最高視

視力検査

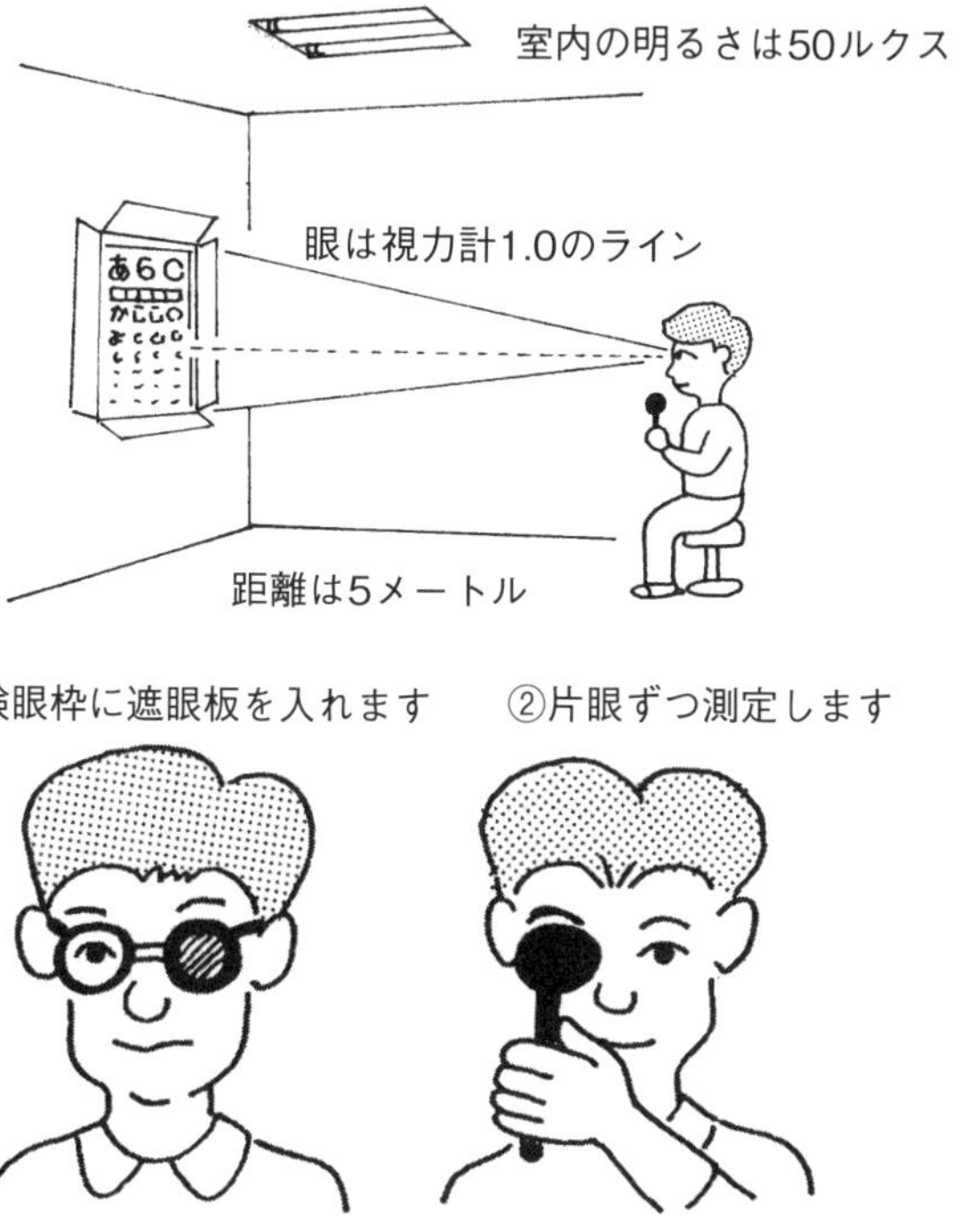

①検眼枠に遮眼板を入れます
②片眼ずつ測定します

眼圧検査

力）を測定し、近視、遠視、乱視の度数を調べます。その人に合ったレンズを装用しても視力が出ない場合は、他の病気を疑って他の検査を行います。

■眼圧検査

眼圧検査とは目の固さを調べる検査です。眼圧には個人差がありますが、正常値はおおよそ20㎜Hg以下とされています。眼圧が高すぎると視神経がダメージを受け、視野（見える範囲）に異常が出てきます。これが緑内障という病気です（眼圧が高くない緑内障＝正常眼圧緑内障という病気もあります）。オートレフラクトメーターとよく似た器械で、顎台《あごだい》に顎を乗せて額が前のバーから離れないようにピッタリつけると、黒い丸の中に黄色っぽい光が見え、弱い風がシュッと目に当たり

視野検査

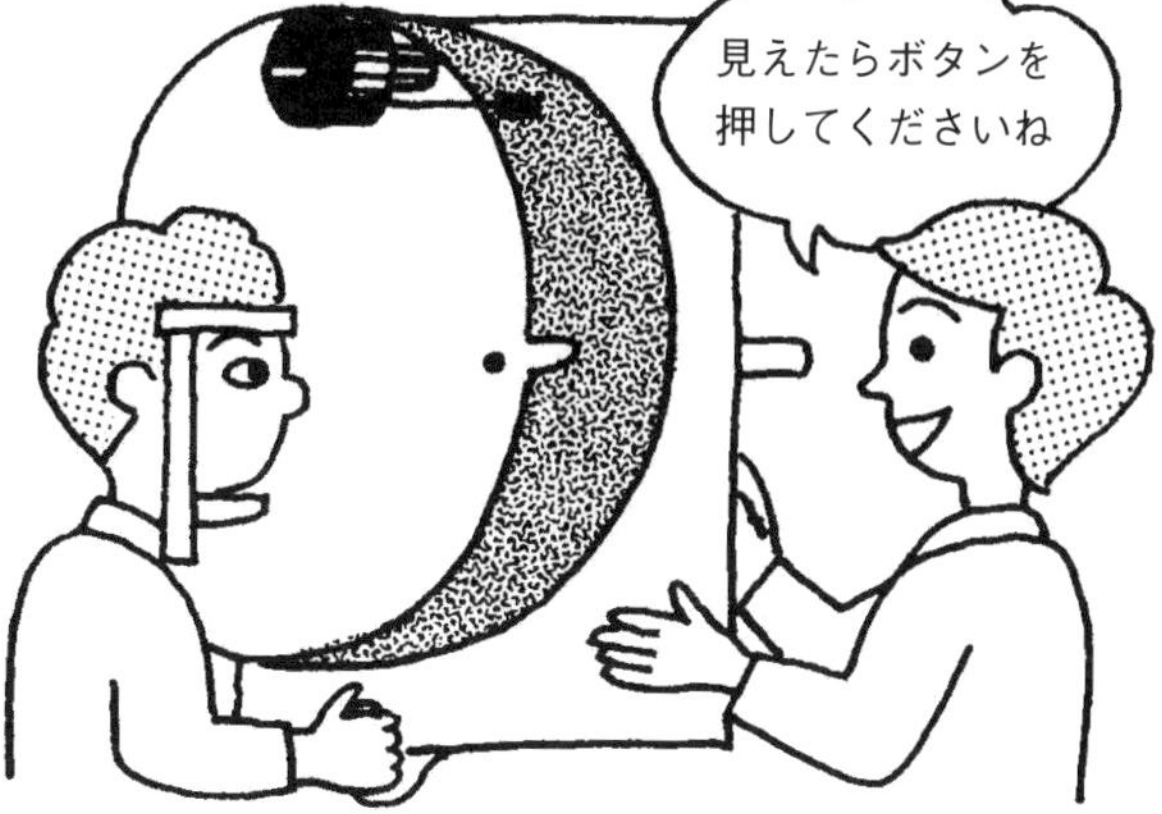

ます。初めてのときは多少びっくりしますが、痛くはなくそれで目に傷がつくことはありませんから安心して検査を受けてください。

■視《し》野《や》検《けん》査《さ》

眼圧が高い場合は、視野に異常がないかを調べるため、視野検査をします。片目を隠して、片目でまっすぐ前を見たまま目を動かさずにどこまでの範囲が見えるかを調べます。暗い部屋で半球状の白いドームに向かって顎と額を固定し、目を動かさないようまっすぐ見たまま、あちこちから出てくる光が見えるたびにブザーを押します。緑内障の場合、病気が進行するにつれて視野欠損が広がってきますので、一回だけでなく経過を追って何回か検査が必要になります。

■その他の検査

眼科の診察の多くは、暗室で行います。眼球の前部（結膜、角膜、前房《ぜんぼう》、虹彩、水晶体、硝子体など）の異常を調べる細隙灯顕微鏡《さいげきとうけんびきょう》検査《けんさ》と、眼球の後部（網膜、視神経など）を調べる眼底検査があります。どちらも目に光を当てて、隅の方までチェックします。

眼底検査

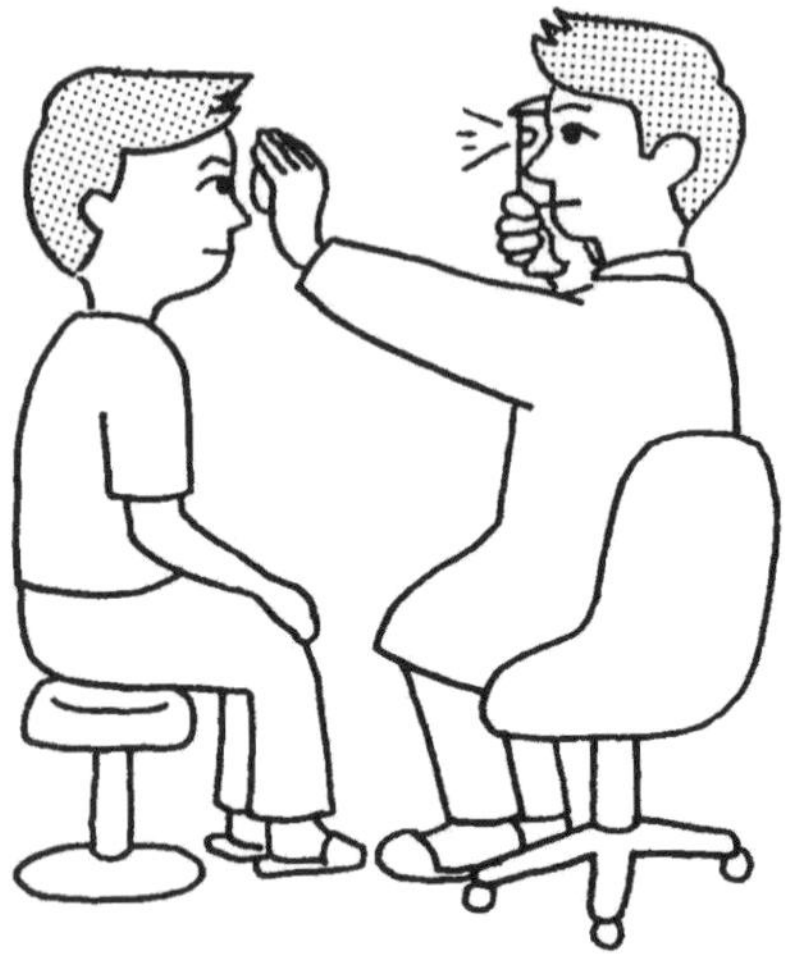

細隙灯顕微鏡検査

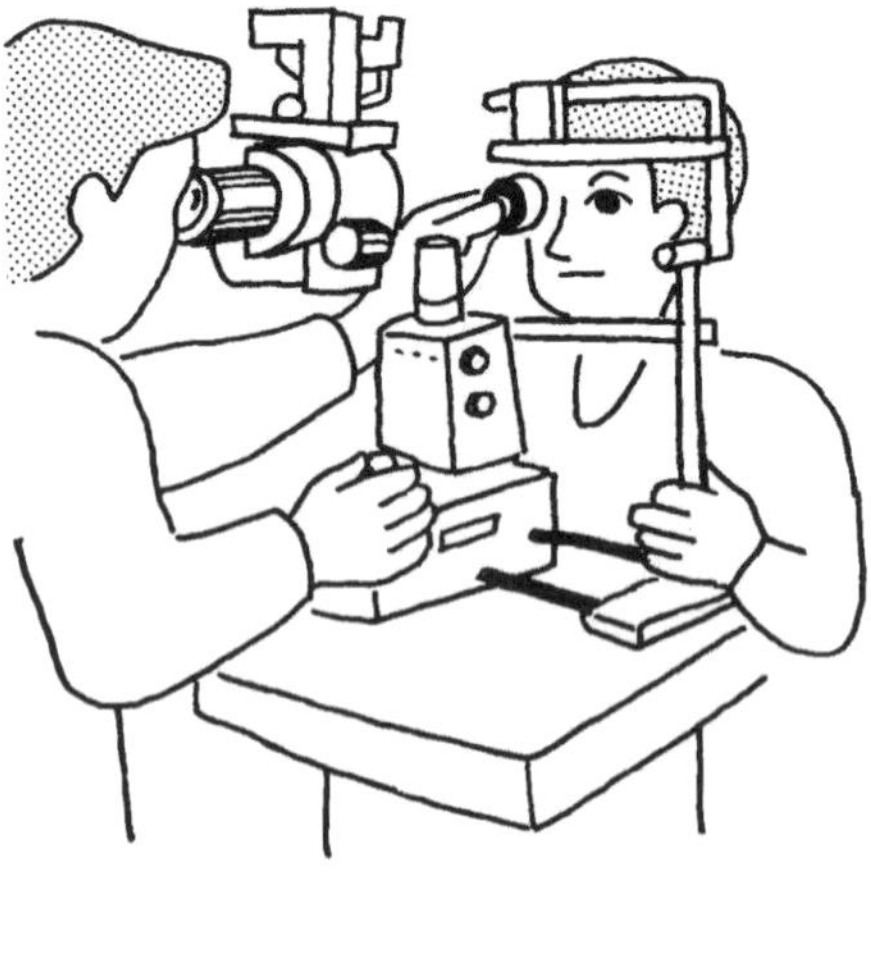

目に関することわざ　Break Time

●百聞は一見に如（し）かず

100回繰り返して聞くより、一度見る方がよく分かる。自分の目で見た方が正確であること。私たちはすべての情報の８割以上を両目から取り入れています。聴覚・嗅覚・味覚・触覚などほかの感覚器からの情報は１～２割と言われています。

●目は口ほどにものを言う

口に出して言わなくても、目つきでその人の気持ちが相手に伝わること。目はその人の気持ちが割合い正直に表れます。「目は心の鏡」、「目を見ればその人の心の状態がよく分かる」、「心が乱れていれば、目も濁っているし、心が清らかならば､目も澄んでいる」などと昔から言われています。

普段でも体調が悪いとき、精神状態が不安定なときなど、隠そうと思ってもついつい目に表れてしまいます。そして相手にも分かってしまいます。皆さんもよく経験されるのではないでしょうか。

●明眸皓歯（めいぼうこうし）

ひとみが美しく澄み、歯が白いこと。美人のたとえ。昔から美人の条件に目がきれいなことがあげられています。現代社会ではドライアイや、IT社会の弊害で、充血していたり、疲れ目で目をショボショボさせている若い女性をよく見かけます。美しい瞳を取り返しましょう。

COLUMN

医療における価格競争の危険性について

中村　友昭

消費者が、より良いものをより安く買いたいと思うのは、当然の心理かと思います。しかし、バブル崩壊後、日本ではデフレが常態化していて、なかなか解消できていません。日銀が掲げる消費者物価上昇率年２％はいつ実現できるのでしょうか？

そもそも商品の価格がどのように決められているのかというと、需要と供給のバランスによるのでしょうが、それ以上にその商品にどれだけの価値があるのかで決まるのだろうと思っています。例えば同じ機能の鞄でも、高級ブランドなら10倍するものや１００倍するものもあります。それでも買う者にとっては、それだけの価値があると思うからこそ、それだけのお金を払うのでしょうし、メーカーも顧客の期待を裏切らないために、品質には常にこだわりをもって、吟味に吟味を重ねて心血を注ぎこむのでしょう。また、それを何十年も続けてきたからこそ信用を築き、ブランド価値を高めたのだと思います。そのような中で、「品質第一」を掲げる日本のあるトップ企業において、不正検査が繰り返されていたことはとても残念なことでした。

ところで、医療においてはどうなのか、皆さんは考えたことがありますでしょうか？医療に関しては、〝消費者〟にあたる患者さんは専門家ではないゆえ、結果しか分からず、医療者を信じるしかありません。そのため医療者側のモラルと哲学が大切であり、当たり前のことですが、本来絶対的なものでなければいけないと思います。つまり、患者さんにとってよりよい医療を与えるべくベストを尽くすのが医療者であり、そこにはいわゆる「市場原理」が介在すべきではないのです。通常の医療は保険診療であり、日本全国どこで治療を受けても、同じ治療費でまかなわれているため、ある程度の医療の質は保たれています。ところが、いわゆる自費診療となると、費用はその施設ごとに設定することができ、そこにはいわゆる「市場原理」が介在する可能性が出てきます。

その最たるものが、昨今の一部の施設間で起こっている近視矯正治療の価格競争です。ある程度の「質」を保った医療をするためには、それなりのコストが必要となりますが、少しでも費用を抑えるために行われているコスト削減はややもすると危険性をはらんできます。無いと思いたいですが、ルールやモラルをなおざりにして、本来は使い捨てなければならないものを再利用したり、十分な説明や術後の管理を怠ったり、という目に見えないところで、危険なことが行われている可能性がないとは言えません。そして、それは患者さんには全く知るすべもないことなのです。

　医療にとって最も大切なものは、「安心・安全」そして「信用」です。患者さんは費用に惑わされず、しっかりとものを見極める目を持ち、きちんとした施設で、適正な費用により「安全」な手術を受けていただきたいと切に願っています。

V

●眼科治療最前線

●近視も治せる時代に

昨今のレーザーによるハイテクノロジーと医療技術の進歩により、近視・遠視・乱視などの屈折異常が、手術で治せる時代になりました。さらに改良がなされ、術後の痛みが少なく、視力の回復も早い、レーシック（LASIK）やスマイル（SMILE）、ICLという術式が開発され、現在世界各国で年間数百万の人がこの手術を受けて、快適な生活を送っています。ここではこれらの手術について解説します。

Ⅰ屈折矯正手術の種類と手術方法

近年、近視・乱視の手術は一般的に行われるようになりました。手術としては、大きく分けて、角膜にレーザーを照射して近視を治す方法と、目の中に眼内レンズを入れて矯正する方法があります。

①レーシック

角膜による屈折矯正手術の代表的なものとして、レーシックがあります。レーシックはレーザーで近視や遠視、乱視などの矯正をする手術で、1990年に開始されてからすでに30年の歴史があり、これまで5000万人以上の方がこの手術を受けたといわれています。角膜にフラップという蓋を作り、フラップを開けた後にエキシマレーザーという紫外線レーザーにより正確に角膜を削ってカーブを変え、その後フラップを戻します。痛みはほとんどなく、手術時間も10分ほどで終わる安全な手術です。ほとんどの方は3時間後には、メガネやコンタクトレンズをしているのと同じくらいの視力に回復します。通常は、近視や乱視により視力が落ちてしまった若い方がこの手術を受けますが、白内障手術の後に残った近視や乱視に対しても、とても正確に修正することができます（これをタッチアップレーシックといいます）。

LASIK（レーシック）

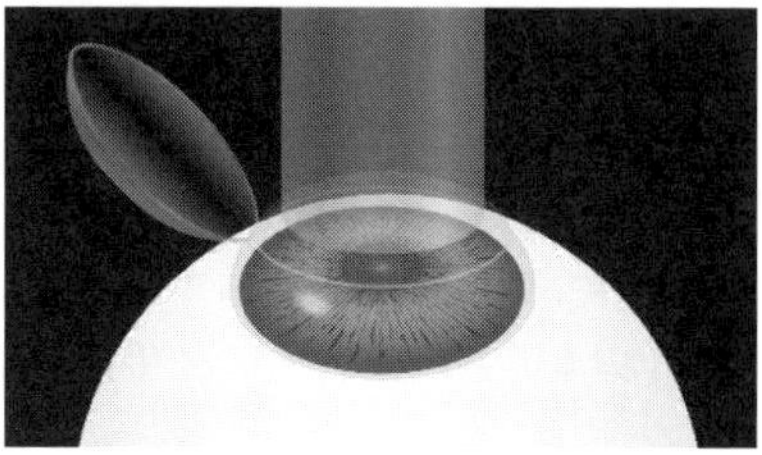

現在のエキシマレーザー装置は、ウェーブフロント技術を利用したレーシックに対応しています。目には近視、遠視、乱視以外に高次収差と呼ばれる微小な光学的なゆがみがあります。ウェーブフロントと呼ばれる高次収差を含む目の状態を測定し手術時に利用することで、術後の見え方をよりよくするテクノロジーです。

従来は角膜のフラップを作製するにはマイクロケラトームという電動カンナのような器械を用いていましたが、現在では主にレーザー（フェムトセカンドレーザー）によって行われています。レーザーを用いることにより、大きさ、厚みが一定な角膜フラップを安全に作ることができます。

②SMILE

SMILEは、フェムトセカンドレーザーを角膜実質の切除にも使用し、近視・乱視を矯正する方法です。エキシマレーザーでは角膜実質を蒸散することによって切除しますが、角膜をシート状（レンチクル）に切って、2〜3ミリメートルの切開層から摘出します。SMILEは小さな傷口で手術を行うことができ、レーシックのようなフラップを作製しないため、外傷に強くドライアイも生じにくいとされています。

③ICL（有水晶体眼内レンズ）

角膜にレーザーを照射して近視を矯正するレーシックに対して、角膜には触れず、水晶体を

SMILE（スマイル）

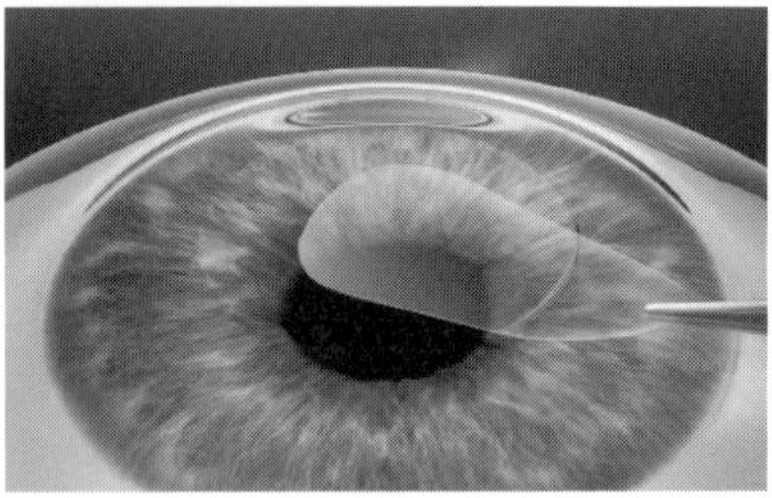

ノーベル賞とSMILE手術　Break Time

2018年のノーベル物理学賞に超短パルスレーザーのジェラール・ムル博士が選ばれました。

博士は1991年にミシガン大学の教授としてレーザー研究を始められ、SMILEで使用するフェムトセカンドレーザーVisuMax（ビジュマックス）の心臓部のレーザーを大手自動車部品メーカーと共同研究、その後母国フランスに帰り、欧州の極超短パルスレーザー研究を率いて来られました。ノーベル賞の選考理由の中に、SMILE手術の実用化が挙げられています。

残したまま眼内レンズを目の中に入れることにより視力矯正するのが、有水晶体眼内レンズＩＣＬです。

ＩＣＬは、角膜を削らない視力矯正法として、レーシックが登場した１９９０年代よりも前に開発が始まっていた歴史ある治療法です。ＩＣＬは、眼球の中、虹彩と水晶体とのわずかな隙間に小さく折りたたまれたレンズを入れ、視力を矯正します。矯正できる度数の範囲はとても広く、強い近視や乱視の方（遠視も可能）にも適しています。

ＩＣＬは、従来からの眼内レンズ素材（アクリル）とコラーゲンを合わせた親和性の高い素材、「コラマー」でできており、ソフトコンタクトのように柔らかく、無色透明です。有害な紫外線をカットし、経年変化で汚れたりくもったり破れることはありません。つまり、半永久的に使用可能な優れたレンズです。

ＩＣＬはとても精度の高い優れた視力矯正手術ですが、目の中の水の流れが悪くなることから、約１～２％白内障が進行するというリスクがありました。この合併症を減らすためレンズの中央に極小の穴をあけたＨｏｌｅ ＩＣＬが開発されました。これにより白内障のリスクが低下し、より安全性が高まりました。

有水晶体眼内レンズ（ICL）

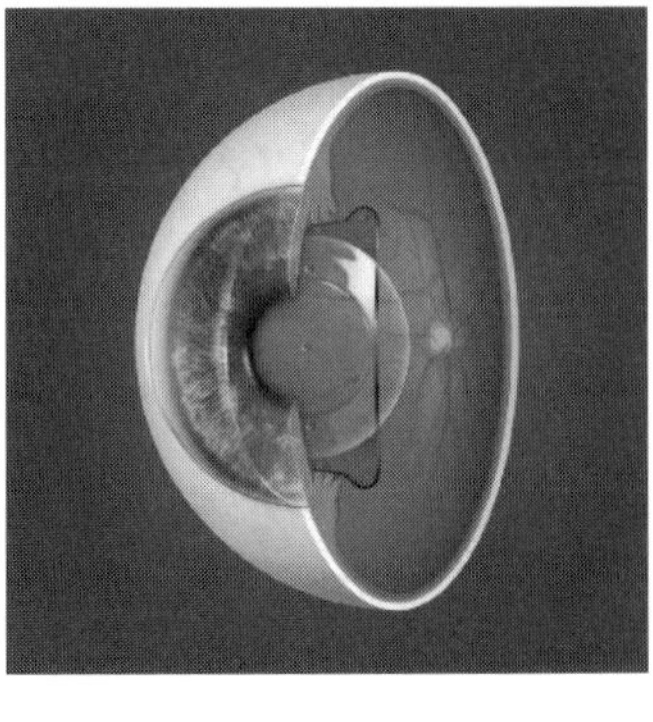

・ICL手術の流れ

点眼麻酔の後、周辺の角膜を3ミリメートル程度切開します。その部位から専用のインジェクター（筒）の中に折りたたんだICLをゆっくり丁寧に目の中に挿入します。通常片眼10分程度で終了し、手術中に強い痛みを感じることはありません。術後は2時間ほど院内で休憩を取ったのち、帰宅していただきます。入院の必要はありません。

・ICLのメリット

・レンズを取り出せるから安心

ICLは、レンズを目の中に入れることで視力を矯正する「足し算」の治療法です。レーシックの場合一度削った（引き算）角膜を元に戻すことはできませんが、ICLの場合、万が一、不具合が生じた場合、レンズを取り出せば目は元の状態に戻すことが可能です。

・メンテナンスフリーだから便利

術後、一定期間の定期検診（通常は1年間）を受けていただくだけで、コンタクトレンズのようにレンズを洗浄したり交換するなどのメンテナンスは不要です。

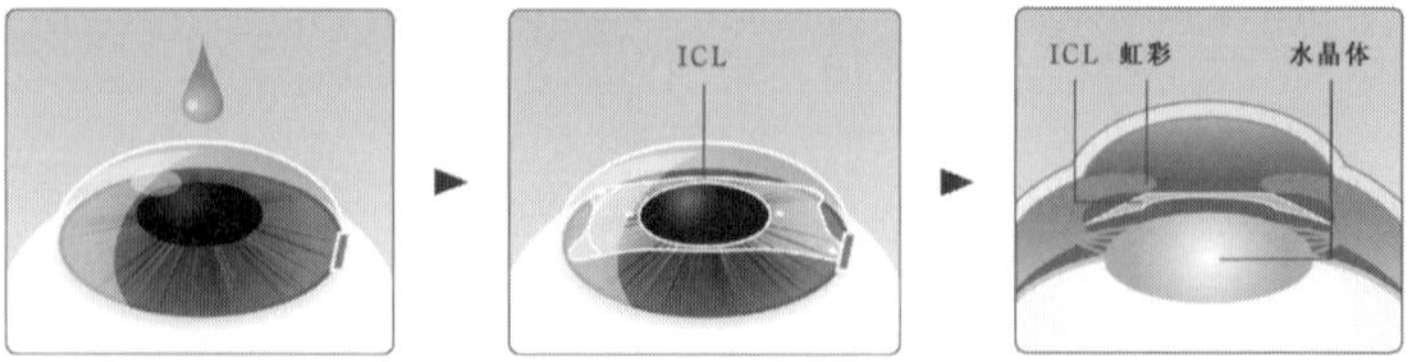

・幅広い範囲の近視・乱視に対応
レーシックの適応にならない強度の近視や角膜が薄い方、角膜に不正な乱視がある方にも、ＩＣＬは適応の可能性があります。
・ドライアイの原因になりにくい
レーシック術後のドライアイの原因のひとつに、手術により角膜の表面にある知覚神経（三叉神経）を傷つけることが報告されていますが、ＩＣＬの手術は切開創が３ミリメートルと非常に小さいため、ドライアイになる可能性は極めて低く安心です。
・ライセンスを取得した執刀医のみが手術を行うから安心
資格不要のレーシック手術と違い、ＩＣＬは認定を受けた執刀医が行います。ＩＣＬの認定には、講習を受講し、インストラクター医師の立会いのもとで手術を行い、技術を認められなければなりません。

COLUMN

ＩＣＬかレーシックか？

中村　友昭

最近の傾向として、患者さんの多くがＩＣＬを選択する傾向にあります。

私がレーシックを始めたのが１９９９年、ＩＣＬは２００３年ですが、レーシックが全盛であった10年ほど前は、レーシックが適応にならない高度な近視の方のみにＩＣＬをしていました。適応検査時に、レーシックはできないのでＩＣＬでとお話しすると、涙を流される方もいらっしゃいました。また、ＩＣＬのことをご存じでない方も多くいらっしゃいました。

それが昨今は、著名人がＩＣＬを受けたこともきっかけとなりＩＣＬの認知度が高まり、またＩＣＬの安全性が高まったこともあり、その適応は拡がり、レーシックが十分可能な軽度や中等度の近視の方もＩＣＬを選択されるようになってきました。その多くの方は、費用が高いにも関わらず、角膜を削るのではなく、取り出せば元に戻せるといった安心感から選ばれているようです。

では、私の患者さんに示す基準はどうしているかというと、近視の度数でいうと6ディオプターまでの軽度から中度の近視の方であれば、角膜に問題がない限りレーシック（最近ではスマイル）を薦めています。レーシックは安全性とともに有効性も高く、強い近視の方でなければとてもよい結果が出ます。また、長期に渡り安定しています。当院へは初期にレーシックを受けられて既に15年以上を経過している方も受診されています。さすがに老眼はあって近くが見えにくくなってきたようですが、本当に快適に過ごしていますと言われます。そして、そのような方々のお子さんもそろそろレーシック適齢期となり、お子さんにも手術を受けさせたいと言われて来られることも多くなりました。ちなみに私の娘も2年前にスマイルを受けました。軽い近視なので、ＩＣＬではなくスマイルを受けさせ、視力も両眼2・0となり、快適に過ごしております。

このように、屈折矯正手術のゴールデンスタンダードは、いまだレーシックではないかと考えています。

Ⅱ屈折矯正手術の適応について

・年齢

基本的に18歳以上で近視・遠視・乱視が安定していれば、手術の適応となります。

ＩＣＬの適応年齢は原則として21歳から45歳までの方となりますが、老眼に対し理解がある場合は、45歳以上の方でもＩＣＬを受けることができます。術後に安定した視力を得るためには、過去1年間の近視の度数が変化していないことが適応の条件となります。

・近視の度数

レーシックやＳＭＩＬＥなどのレーザー手術は６Ｄ以下の軽度・中等度近視、有水晶体眼内レンズ手術ＩＣＬは６Ｄを超える高度近視に行うことが一般的ですが、最近では３Ｄ程度の軽度～中等度の近視の方にもＩＣＬを行うようになってきました。

①手術が受けられない場合

レーザー手術は、もともと角膜が薄かったり、近視の度数が強かったり、角膜が弱い場合、有水晶体眼内レンズは前房が浅かったり、白内障があるなどの条件で手術ができないことがあります。日本眼科学会のガイドラインにそって手術ができない場合を以下に示します。

・レーザー手術

①円錐角膜

②活動性の結膜炎、眼瞼炎

③白内障

④ぶどう膜炎などの活動性の目の中の炎症

⑤重症の糖尿病や重症のアトピー性疾患など、創の治りに影響を与える可能性の高い全身性あるいは免疫不全疾患

⑥妊娠中または授乳中の女性

⑦円錐角膜疑い

・有水晶体眼内レンズ手術（ＩＣＬ）

②〜⑥に加え⑦進行性円錐角膜⑧浅前房および角膜内皮障害

②実施に慎重を要するもの（適応外ではないが、手術するかどうかは慎重に決める必要がある状態）

・レーザー手術

①緑内障

②全身性の結合組織疾患

③ドライアイ
④抗精神薬の服用者
⑤角膜ヘルペスの既往
⑥屈折矯正手術の既往

・**有水晶体眼内レンズ手術（ICL）**

①〜③に加え④矯正視力が良好で、非進行性の軽度の円錐角膜症例⑤円錐角膜疑い症例

Ⅲ手術のリスク（合併症）

①角膜屈折矯正手術（レーシック、スマイル）

・**感染症**

感染症を生じる可能性は高くはありませんが、手術の術後数日間は、細菌が手術の傷口に入りやすいので、清潔をこころがけるとともに、処方どおり点眼を行なう必要があります。

・**夜間の見え方の変化**

夜瞳孔が大きくなると、光が目の中に入ってきてしまい、光に後光がさしたような輪が見える現象（ハロー）や光が広がって眩しく見える現象（グレア）を感じるようになります。

術後時間が経つうちに慣れてきますが、最初の数カ月は気になる場合があります。

・ドライアイ

角膜知覚の低下などにより、術直後は特に目が乾きやすくなります。しだいに回復することが多いですが、長期にわたって症状が続くこともあり、その場合ドライアイ治療点眼薬を使用する必要があります。ＳＭＩＬＥはＬＡＳＩＫに比べてドライアイになりにくいと言われています。

・角膜フラップのトラブル（ＳＭＩＬＥには起きません）

・不完全フラップ

角膜フラップ作製時に、角膜実質へのレーザー照射に十分なフラップができない場合があります。この場合３カ月以上手術を延期することがあります。

・フラップのずれ

ＬＡＳＩＫ術後早期に角膜に力が加わるとフラップにズレが生じることがあります。発症早期であれば手術で容易に戻せます。術後早期は目を触らないようにすることが重要です。

・フラップ下層間炎症

フラップと実質の間に炎症が強く出ることが稀にあります。抗炎症点眼薬で多くの場合対処できますが手術室で処置が必要になることもあります。

・上皮迷入

稀ではありますが、フラップの接着が不良だったり、フラップの下に角膜上皮細胞が残っていたりした場合に角膜上皮細胞がフラップの下で増殖して濁りとなる場合があります。軽度で進行する様子がない場合もありますが、進行する場合は手術的な処置が必要になることがあります。進行するまで自覚症状は出にくいので、術後の定期検査が大事になります。

・痛み

手術当日は涙が出たり、痛みを感じることがあります。翌日には痛みはなくなります。

・視力の回復

通常、翌日には良い視力が得られます。しかし、度数が安定するのに3カ月かかります。

・ハローグレア

暗い所で光がにじんだり、光の周囲がぼんやりと見えたり、周囲に光が入って見えたりすることがあります。徐々に軽減していきますが、その後も残る場合があります。ただし、ほとんどの方が慣れてしまい、日常生活に支障をきたすことはないようです。

・近くの見えにくさ

術前にメガネのみ使用していた人、コンタクトレンズを弱めの度数で使用していた人は術後、一時的に近くが見にくいことがあります。若い方ではしだいに慣れますが、45歳以上の方ではピントを合わせる力が弱くなってきているので老眼鏡が必要になることがあります。

・**近視化**

この手術を受けたからと言って近視に再びならない保証はありません。近業ばかりしていると30歳代でも近視になることがあります。もし近視化が起き、視力の低下がある場合は、度数によりますが追加矯正が可能なこともあります。また、ごく稀に角膜が突出する角膜拡張症（ケラトエクタジア）により術後近視がどんどん進むことがあります。早期に治療を開始すれば進行をくいとめることが可能なことも多いので、定期検査は重要です。

・**眼圧**

レーシック手術をすると、眼科の検査の一つである眼圧検査の値が低く出るようになります。眼圧検査を受ける場合はこの手術を受けたことを申告してください。

・**将来の白内障手術**

白内障手術の際に眼内レンズの度数を決めるには角膜の形状データを使用しますが、角膜手術後では通常の形状ではなくなっているため、通常の方法では度数ずれが生じます。そのため、最近ではこれを考慮した新たな計算式が考案され、よい結果が報告されています。

②**ICL**

・**夜間のハロー・グレア**

夜間に多く見られる現象で、光の周辺に傘がかかったように見えたり（ハロー）、滲みがあるように見えたり（グレア）することがあります。特にＩＣＬ後に生じるのはハローですが、ほとんどの方は術後３カ月程度であまり気にならなくなることが多いです。

・感染症

術後、非常に稀（６０００分の１）ですが、感染症により治癒が遅れたり、重度の場合は目に重篤な悪影響を与える場合があります。感染症のリスクを低減するため、術後は一定期間、洗髪やアイメイクを控え、保護用のメガネを使用してください。

・水晶体への影響

ＩＣＬは水晶体に近い場所に設置されるため水晶体への影響が出ることにより、水晶体が白濁し、白内障になる可能性があります。しかし、近年はレンズの中心に貫通孔を開けたレンズが開発されたため、白内障のリスクがかなり軽減しました。

・ＩＣＬのサイズの不適合

ＩＣＬは四つのサイズがあり、角膜の大きさによって使い分けるのが一般的です。サイズが合わないと前述した白内障のリスクや、術後に眼圧が上がる可能性があります。当グループでは、以前からＩＣＬサイズについて様々な研究を行っており、海外の眼科の一流雑誌にその最適化方法を報告しています（Nakamura T. et al. Am J Ophthalmol. 2018）。この結果、現在では前眼部ＯＣＴという目の断層撮影ができる器機で眼内のサイズを測定し90％以上の症例で、正確に患者さんに合ったサイズを測定できるようになっています。

●角膜移植手術：パーツ移植が可能に

角膜移植も最近は進歩が見られます。今までは全層角膜移植《ぜんそうかくまくいしょく》といって、角膜をすべて取り替える方法が主流でしたが、現在は悪いところだけを取り替えて健常な部分を残して行う手術手技が開発されています。確かに理にかなった流れだと思います。角膜は大きく分けて、角膜上皮、角膜実質、角膜内皮の三つに分けられます。角膜上皮が悪くなった場合は、角膜輪部《かくまくりんぶ》移植、角膜上皮培養移植が適応になります。また角膜実質の混濁のみで角膜内皮細胞が健常な場合は深層角膜移植が適応になります。

　最も新しい手術として注目されているのが角膜内皮移植（DSAEK：ディセック）という手術で、この手術は無縫合で手術が可能なため、現在米国では全層角膜移植にとって代わる治療法として数多くの症例が行われています。この手術の特徴は全層移植に比べて、様々な利点がありますが、術後早期に移植片が脱落しやすいなど、まだ改善すべき問題点をもっています（表参照）。

角膜パーツ移植の手術方法

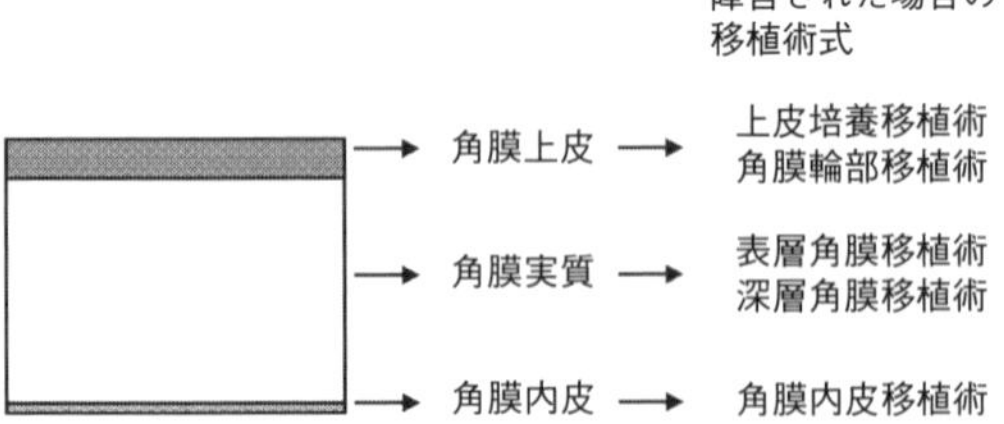

現在角膜移植医療の問題点はドナー角膜の不足です。現在角膜の再生研究が大学病院を中心に行われており、将来的に角膜移植はドナー角膜に頼らず、角膜が再生される日が来るかもしれません。

移植の種類

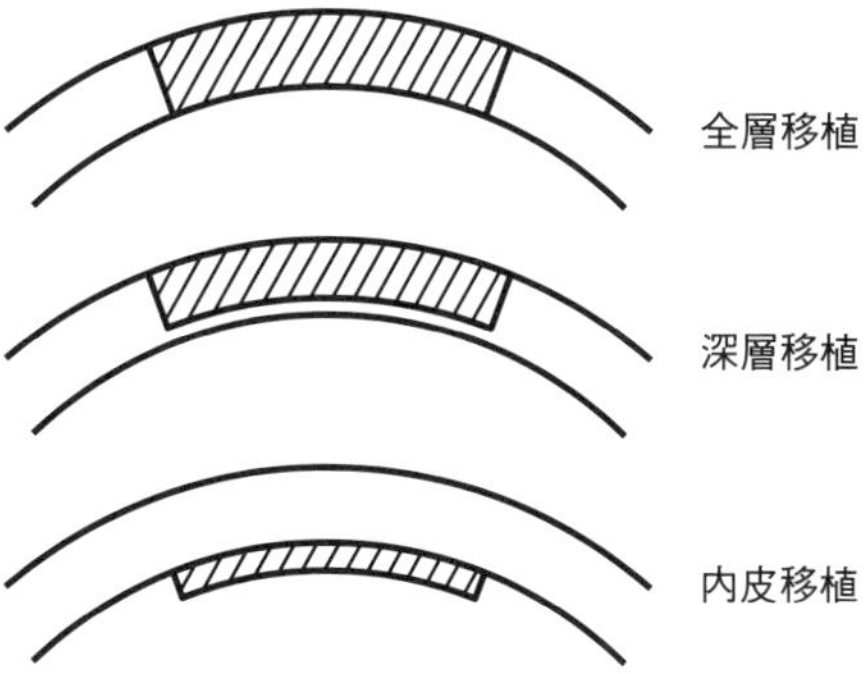

内皮移植と全層移植の比較

	内皮移植	全層角膜移植
メリット	小切開、無縫合 乱視が少ない	視力の立ち上がりが早い
デメリット	視力の回復がゆっくり 移植片剥離が起こる可能性	乱視が強くなることがあり 駆出性出血のリスク 縫合糸感染の危険性 角膜の脆弱性（打撲などに対して弱くなる）

●白内障手術：付加価値のある眼内レンズの登場

現在の白内障手術は、特殊な例を除き「白内障手術」のコーナーに書かれているように、超音波で濁った水晶体を砕いて吸引し、眼内レンズを挿入するという形でほぼ完成の域に達していると思います。しかし、手術の方法に大きな変化はありませんが、手術機器の改良やいろいろな付加機能をもった新たな眼内レンズが開発されてきており、まだまだ進化を続けています。

まず、従来は手術機器や眼内レンズを入れるために、目の表面を約6ミリメートル切る必要がありました（昔に比べたらこれでも十分に小さい）が、最新の手術機器および特定の眼内レンズを用いることにより約2・4ミリメートルとさらに小さな切開だけで済むようになり、より低侵襲《ていしんしゅう》に、より安全に手術が行えるようになってきています。今後さらに切開が小さくなっていくことが期待されますが、現時点では小さな切開のところから挿入することのできる眼内レンズが限られており選択肢が少ないのが欠点です。

次に、いろいろな付加機能をもった眼内レンズが新たに登場してきています。白内障手術は水晶体の代わりに眼内レンズを挿入していますが、従来の眼内レンズは水晶体の機能を完全には満たしてはいません。可能な限り水晶体の機能に近づけることが理想であり、現在次に述べるような眼内レンズが登場してきています。

①非球面眼内レンズ

従来の眼内レンズの表面は球面状ですが、実際はこれではレンズの中央から入ってくる光とレンズの端から入ってくる光の焦点が少しずれてしまいわずかにボケてしまいます。このことを収差といいますが、レンズを非球面化することによりこの収差を抑え、より鮮明に見ることができるのが非球面眼内レンズです。

②着色眼内レンズ

水晶体は元々まったくの透明というわけではなく、年齢とともに黄色を帯びてきます。一方で、従来の眼内レンズは無色透明であり、結果として手術後に色の見え方が変わってしまったり、まぶしさを感じることがあります。この色の見え方やまぶしさは時間とともに慣れていくため長期間にわたって問題となることは少ないです。しかし、より自然な見え方である方が望ましいため登場してきたのが、レンズをわずかに黄色に着色した着色眼内レンズです。

③乱視矯正可能眼内レンズ

乱視は水晶体によるものと、角膜によるものがあり、131ページに記したように、見え方に影響します。白内障手術をすると水晶体乱視はなくなりますが、角膜乱視は残ります。

遠くがよく見えるようになると期待した場合、乱視が残ると視力は出にくくなり不満が残ります。この際、メガネで矯正はできますが、裸眼でスポーツなどを楽しみたいというような方は、乱視が極力ない方が望ましいと考えます。

特に遠近両用の多焦点眼内レンズを使用される方は、メガネなしの生活を望まれるのですから、乱視はできるだけない方がいいでしょう。そこで、規則性のある角膜乱視であれば矯正できる眼内レンズも登場しました。これにより、かなりの強い乱視まで矯正可能となっています。

④多焦点眼内レンズ

水晶体はレンズの機能だけを果たしているわけではありません。「老視」の節で説明したようにカメラでいうオートフォーカスの機能があり、その厚みを変えることにより遠くから近くまでピントを合わせることができる「調節」という重要な機能を果たしています。しかし、従来の眼内レンズは厚みが変わるわけではなく、単焦点レンズでありどこか1点しか焦点が合わないため、遠くがよく見えるように度数を合わせた場合は、近くに関してはメガネが必要となってきます。

そこでまず登場したのが調節眼内レンズといわれるもので、眼の中でレンズが移動することにより焦点を移動させるという眼内レンズですが、あまり期待されたほどの結果が出ていないと報告されています。

次に登場したのが、多焦点眼内レンズであり、遠くと近くの二点に焦点を結ぶレンズで、オートフォーカスとはいかないまでも遠くと近くの両方を見ることができ、多くの方がメガネを使用せずに済みます。実際は少し以前より登場していましたが、最近登場してきた最新の多焦点眼内レンズは、とても良好な結果が報告されています。

初期は遠近の二焦点でしたが最近のトレンドは3焦点、つまりは遠中近にピントを結ぶレンズとなってきました。またEDOF（焦点深度拡張型）といって、とぎれのない自然な見え方を求めるものも主流となり、日進月歩で進化しています。

以上のように白内障手術は、単に濁りを取り除き、見えるようになればよかったという時代から、よく見えることは当たり前でさらによりよい視機能、すなわち「Quality of Vision」が望まれる時代になってきています。

●緑内障手術：水（房水）の流れを最大限に

まず、緑内障であるからといってすぐに手術になるわけではありません。目薬やその他の治療でも緑内障が進行する場合に手術が治療の選択肢として検討されます。

緑内障の治療はただ一つ、眼圧（目の硬さ）を低下させることです。眼圧は房水と呼ばれる眼の中の水が多くなれば高くなり、少なくなれば低くなると考えるとわかりやすいです。房水は眼の中の毛様体というところでつくられ、シュレム管と呼ばれる排水溝に流れていきます。緑内障の治療はこの房水をつくらなくする（つくる量を減らす）か、目の外に排出する流れをよくするかになります。

量を減らす手術は最初に選択される手術ではないので、通常緑内障手術というと、後者の流れをよくするものを指します。その方法として、蓋をきれいにする方法（流出路再建術）と、トンネルをつくって目の外に流す方法（濾過《ろか》手術）があります。これらを患者さんにとってどの方法がよいかを検討して行われます。

最新の緑内障手術は、流れをいかによくするかで様々な工夫を凝らしています。弁のついた小さなチューブを目に埋め込み、目の外に流す方法も広く行われていますし、排水溝の蓋を焼き切って取り除く方法もあります。

●加齢黄斑変性：新生血管を選択的に治療する

新生血管を伴わずに網膜の委縮が進行する「委縮型《いしゅくがた》」は治療法がありませんが、新生血管が原因で視機能が低下する「滲出型《しんしゅつがた》」の加齢黄斑変性の治療法はここ十数年で劇的な進化を遂げています。

①抗血管内皮増殖因子製剤（抗ＶＥＧＦ薬）の眼内注射

薬によって新生血管を抑え込む治療です。最初、月1回の注射を3カ月間、毎月注射したあと悪化があれば注射を追加する方法（ＰＲＮ法）と、病気の状況に応じて投与間隔を伸ばしたり縮めたりする方法（Treat & Extend法）があります。滲出型加齢黄斑変性では視力が回復する唯一の治療法ですが、脳梗塞や心筋梗塞・狭心症のある患者さんは使用に注意が必要であり場合によっては使えないこと、病気を完治させるのではなく抑え込む薬なので何回も注射が必要になること、そして薬が高価であることが残念なところではあります。

②光線力学的療法

薬剤と光を使って新生血管そのものを攻撃する治療です。視力をよくする効果が弱いという点、薬の副作用を防ぐため治療日から5日間は太陽の光や強い光に当たらないよう生活しなければならないといった点から抗ＶＥＧＦ薬に主役の座を奪われてしまいました。しかし、最近は新生血管そのものを攻撃するという特性に再び注目が集まってきており、抗VEGF薬との併用治療によってその後の抗VEGF薬の注射回数を減らす試みがなされてきています。

③網膜光凝固（レーザー）

古くからある治療です。新生血管をレーザーの熱で焼いてしまう治療です。網膜の中心の新生血管を焼くと網膜も焼けてしまいさらに視機能が低下してしまいますので、網膜の中心から離れた場所の新生血管にのみ治療が可能です。

④サプリメント

治療ではなく予防の話になります。亜鉛・銅・ビタミンC・ビタミンE、βカロテンの入ったサプリメントを服用することで滲出型加齢黄斑変性が予防できることが米国の研究で判明しています。滲出型加齢黄斑変性は10％〜30％ほどが両目に発生するため、片目にこの病気がある方で反対目の発生を予防したい方や、黄斑変性に変化する可能性のある網膜の老廃物の沈着がみられる方はサプリメントの内服が推奨されます。最近は加齢黄斑変性のみならず緑内障や白内障、眼精疲労など多種多様のサプリメントがあり、外来でも違う病気のサプリメントを飲まれている患者さんに遭遇することもしばしばです。サプリメントを使用する際は医師と相談しながらご自身の病気にあったものを使いましょう。

COLUMN

二一世紀の眼科医療とは

市川　一夫

第3版改訂にあたり、二一世紀も22年が過ぎた今、振り返って見直してみたいと思います。前版「二一世紀の眼科医療とは」での予想を振り返ると、技術の進歩の面から、①手術治療方法が飛躍的に進歩し、その対象も増える。②角結膜疾患では再生医療が導入される。③人工角膜、調節機能付き眼内レンズや人工網膜の実用化が実現する。④先天的な疾患では遺伝子治療が行われる。⑤視神経の移植が実現する―などを挙げていました。

実現までの時間が短いと予想される順に示しましたが、①と②は実現しました。近視・遠視・乱視など屈折異常の分野では、現在少し反省期を通過し、今も行われている角膜で治療するレーシックに加え、角膜の表層の障害を極力減らした術式の〝スマイル〟が行われて、有水晶体眼内レンズ（phakic IOL：フェイキック IOL）であるICLが厚労省の認可を受けて普及してきました。主に近視に悩む屈折異常の人が、手術によってより安全にメガネやコンタクトレンズから開放されるようになったと思われます。

白内障手術では、厚労省が多焦点眼内レンズを健康保険との併用を認める選定療養とし、患者さんが安価に手術を受けられるようになったと思われます。

網膜硝子体疾患は、早期発見・早期治療の方向で進み、薬剤を硝子体に注射する治療が硝子体手術を上回る数となってきています。

また、予想以上に増えてきた疾患に緑内障があげられます。高齢化が進み、眼圧のあまり高くない緑内障が40歳以上の5％にみられることがわかり、現在では本邦の失明原因の第一位となっています。この疾患こそ早期発見が重要で、検診の必要性が叫ばれています。おそらく、近い将来実施されるようになり、薬剤の点眼やレーザー治療などが早期化し、根本治療はないものの寿命が尽きるまで視覚の保持が可能になると考えています。

③以降については10年以上かかって実現するものばかりですが、今世紀の半ばには一般的な治療法になっている可能性が高いと見ています。

二一世紀の眼科医療を診療の面から見た場合、二〇世紀医療とは大きく異なり、患者本意の医療が行われるようになっています。診療録は電子化され、待ち時間も以前より短くなって来ていますし、患者情報は遠隔でも閲覧可能になりました。二、三の医療機関で説明を受け、納得したところで治療を受けるようになってきたと思われます。

眼科医療は、二〇世紀を振り返ってみても常に医療の先端を走っており、二一世紀においてもこの傾向は続き、映像情報で記録できる眼科情報は、最も早く真の意味での電子化が行われています。しかし眼科医療はその手技が微細な故に、ロボット化が遅れていることが心配です。ＡＩの導入は眼科が最も早く、糖尿病をはじめとする眼底疾患や緑内障などでは、すでに実現され今後の普及が待たれます。

あとがき

医者になって30年以上となりますが、今思うことは、「よい医療は、よいチームワークによって生まれる」ということです。医師をはじめスタッフ全員が、常に患者さんのことを思い、患者さんにとって何がベストかを考え、患者さん本位の医療を行うことにより、患者さんに安心感を与え、信頼感をもっていただく。そして、その結果、よい治療効果を生むことができ、患者さんに満足していただけるのではないかと思っています。また、そのように満足され喜んでおられる患者さんの笑顔に接したり、感謝のお言葉をいただくことにより、私たちはエネルギーが沸いてきて、次の医療に向かうことができます。よりよい医療には、このようなホスピタリティーとともに、その方にとって現在最善と思われる最新医療を提供するというたゆまぬ努力も重要です。それが実践できるように、私たちは日々研鑽を重ねています。

来るべき超高齢化社会やそれに伴う医療費削減など、今後の日本の医療を取り巻く環境はますます厳しさを増してくると思いますが、最良の医療を最良の方法・環境で提供していく限り、私たちの医院は患者さんに支持され、存在し続けるものと確信しています。

「患者さんにとって何が一番大切か」を常に自分自身に言い聞かせ、今後も医療に臨んでいきたいと思います。

本書は、読者の皆さんが目について不安を感じたとき、次にどうすべきか、適切なアドバイスを与えることを目的に刊行しました。幅広い年代の多くの読者の方々に読んでいただきたいと切に思い、できるだけかみ砕き、肩の力を抜いて読んでいただけるような内容、構成としています。少しでも読者の皆さんのお役に立つことができれば幸いです。

最後に、本書は私が人生で出会った多くの先輩、同輩の方々に筆を執っていただきました。ご執筆をいただいた先生方をはじめ、本書の製作にご尽力をいただいた方々に心より感謝申し上げます

中村　友昭

参考文献

「知らないではすまされない危ない眼の病気」、戸張幾生監修、講談社（２００１年）
「眼科診療プラクティス〈32〉 眼疾患診療ガイド」、文光堂（１９９７年）
「眼科診療プラクティス〈74〉 スポーツと眼科学」、文光堂（２００１年）

編著者プロフィール

中村友昭
所属　名古屋アイクリニック院長
専門領域　角膜疾患、ドライアイ、屈折矯正手術
現在の研究分野　屈折矯正手術における視機能

市川一夫
所属　中京眼科視覚研究所所長
専門領域　白内障、網膜硝子体、色覚

加賀達志
所属　中京病院眼科診療部長
専門領域　硝子体、網膜、黄斑疾患ならびに白内障
現在の研究分野　加齢性黄斑変性症

渡邉三訓
所属　中京眼科副院長
専門領域　緑内障、白内障
現在の研究分野　最新の緑内障手術

吉田則彦
所属　岐阜赤十字病院眼科主任部長
専門領域　網膜硝子体、白内障
現在の研究分野　糖尿病網膜症

小島隆司
所属　慶応義塾大学医学部眼科学教室特任准教授
専門領域　角結膜疾患、ドライアイ、コンタクトレンズ
現在の研究分野　最新の角膜移植術、ボストンレンズによる眼表面疾患の治療

佐藤裕之
所属　佐藤裕也眼科医院副院長
専門領域　網膜硝子体
現在の研究分野　加齢性黄斑変性症

中村英樹
所属　名東眼科院長
専門領域　色覚、白内障手術

星野彰宏
所属　ほしの眼科院長
専門領域　眼形成

吉田陽子
所属　名古屋アイクリニック副院長
専門領域　角結膜、コンタクトレンズ、屈折矯正手術
現在の研究分野　屈折矯正手術、不正乱視（カスタム矯正）

馬嶋清如
所属　眼科明眼院院長
専門領域　水晶体

川本英三
所属　川本眼科院長
専門領域　眼薬理

水野泰子
所属　名古屋アイクリニック

長谷川亜里
所属　中京病院眼科

視能訓練士（ORT）

磯谷尚輝
所属　名古屋アイクリニック

片岡嵩博
所属　名古屋アイクリニック

西田知也
所属　名古屋アイクリニック

井藤麻由香
所属　名古屋アイクリニック

眼科119番　–第3版–
一家に一冊…目の薬箱　　**NDC496**

2002年11月25日　初版1刷発行
2007年11月30日　第2版1刷発行
2021年10月30日　第3版1刷発行

© 編著者　中村友昭
著　者　名古屋アイクリニック
中京グループ眼科医師
発行者　井水治博
発行所　日刊工業新聞社
〒103-8548　東京都中央区日本橋小網町14番1号
電話　書籍編集部　東京　03-5644-7490
販売部·管理部　東京　03-5644-7410
FAX　03-5644-7400
振替口座　00190-2-186076
URL　https://pub.nikkan.co.jp/
email　info@media.nikkan.co.jp

（定価はカバーに表示されております。）
印　刷　新日本印刷
製　本　新日本印刷

落丁·乱丁本はお取替えいたします。　2021　Printed in Japan
ISBN978-4-526-08161-3